KURZE EINFÜHRUNGEN
IN DIE GERMANISTISCHE LINGUISTIK

Band 8

Herausgegeben von
Jörg Meibauer
und
Markus Steinbach

ANGELIKA WÖLLSTEIN

Topologisches Satzmodell

Zweite, aktualisierte Auflage

Universitätsverlag
WINTER
Heidelberg

Bibliografische Information der Deutschen Nationalbibliothek
Die Deutsche Nationalbibliothek verzeichnet diese Publikation
in der Deutschen Nationalbibliografie;
detaillierte bibliografische Daten sind im Internet
über *http://dnb.d-nb.de* abrufbar.

ISBN 978-3-8253-6357-4

2. Auflage 2014

Dieses Werk einschließlich aller seiner Teile ist urheberrechtlich geschützt.
Jede Verwertung außerhalb der engen Grenzen des Urheberrechtsgesetzes
ist ohne Zustimmung des Verlages unzulässig und strafbar. Das gilt insbesondere für Vervielfältigungen, Übersetzungen, Mikroverfilmungen und
die Einspeicherung und Verarbeitung in elektronischen Systemen.

© 2014 Universitätsverlag Winter GmbH Heidelberg
Imprimé en Allemagne · Printed in Germany
Druck: Memminger MedienCentrum, 87700 Memmingen

Gedruckt auf umweltfreundlichem, chlorfrei gebleichtem
und alterungsbeständigem Papier

Den Verlag erreichen Sie im Internet unter:
www.winter-verlag.de

www.kegli-online.de

Vorwort

Thema unseres Bandes ist die Einführung und Illustration eines bewährten Modells für die Beschreibung und den Vergleich von Satzstrukturen, das zugleich auch ein Werkzeug für deren Analyse ist – **das topologische Satzmodell**. Eine syntaktische Struktur topologisch zu erfassen, bedeutet, ihre Elemente (Wörter bzw. Satzglieder) in ihren Positionen und Abfolgen zu beschreiben. Ziel und Zweck eines topologischen Satzmodells ist es somit, Muster bei der Elementfolge im Gesamtsatz zu beschreiben, die die Satzstruktur des Deutschen kennzeichnen.

Die topologische Strukturbetrachtung hat in der deskriptiven syntaktischen Theorie des Deutschen eine lange Tradition (Herling 1821, Erdmann 1886, Blümel 1909, Drach 1937). Sie wird in zahlreichen Einführungen thematisiert, um in Grundmuster der Satzstruktur des Deutschen einzuführen (Pittner/Berman 2008, Meibauer et al. 2007, Wöllstein-Leisten et al. 1997). Gewürdigt, gerechtfertigt und ausgebaut wurde das topologische Satzmodell in der wissenschaftlichen Diskussion (Reis 1980, Höhle 1986) und es ist zugleich hochaktuell (Pafel 2009 für das Deutsche, Wöllstein/Zepter 2005 sprachübergreifend, Karnowski/Pafel 2002 und Ramers 2006 für die Nominalphrase). Neben seinem Stellenwert in der wissenschaftlichen Diskussion als beschreibungsadäquates Modell ist das topologische Satz- bzw. Feldermodell nicht nur hochschuldidaktisch so lehrreich wie unverwüstlich, sondern dient auch der fachdidaktischen Behandlung von Satzstrukturen (Praxis Deutsch 2002, Eisenberg/Menzel 2002). Nicht zuletzt wird es für die schulische Heranführung an syntaktische Muster aufgegriffen (Schülerduden 2006). Das topologische Satzmodell soll es ermöglichen, wie bei einem Baukastensystem sämtliche Satzstrukturen und -typen des Deutschen in direkter visueller Gegenüberstellung miteinander zu vergleichen, respektive die zur Grammatikalität im Deutschen erforderliche Ordnung zu erfassen. Dabei werden die Sätze zwar abhängig von ihrer Verknüpfungsart, jedoch unabhängig von ihrer jeweiligen Komplexität auf ein **einheitliches Muster** bezogen.

Diese Einführung in die topologische Struktur des Deutschen ist in fünf Kapitel aufgeteilt, deren Aufbau einen inhaltlichen Überblick, eine thematische Zusammenfassung sowie eine Sammlung zentraler Grundbegriffe, Literaturhinweise und Übungsaufgaben einschließt. Vielfältige Illustrationen und eine reichhaltige Menge von Beispielen begleiten die einzelnen Arbeitsschritte. In § 1 werden wir uns der Werkzeuge und Konzepte versichern, die wir zur syntaktischen Analyse benötigen. Mit § 2 führen wir das zunächst fünfgliedrige topologische Grundmodell ein. Gleichzeitig lernen wir hier einige zentrale Regularitäten der Syntax des Deutschen kennen: die Satzklammer, die Verbstellungstypen und die Satztypen. Wir thematisieren hier auch ansatzweise Unterschiede zwischen einem uniformen Modell (das über die Satztypen hinweg ein einheitliches topologisches Muster annimmt) und einem in diesem Sinne differenten Satzmodell. In § 3 werden wir die Beschränkungen der Satzstruktur des Deutschen auf der Grundlage der topologischen Grundmuster im Satzmodell kennenlernen. In § 4 werden wir Satzstrukturen vorstellen, die uns zu diversen Erweiterungen des Grundmodells führen und § 5 schließlich würdigt einige für das topologische Satzmodell wegweisende Arbeiten, zeichnet die wissenschaftliche Diskussion zentraler Fragen zum nicht-uniformen topologischen Satzmodell nach und stellt neuere Arbeiten vor, die durch das topologische Satzmodell inspiriert wurden. Zur inhaltlichen Gewichtung verweise ich auf die Schlussbemerkung.

Mein herzlicher Dank bei der Bearbeitung für die 2. Auflage gilt Rüdiger Christ und Saskia Schmadel für ihre überaus hilfreichen Kommentare und Anmerkungen. Susanne Kabatnik danke ich für die sorgfältige Mithilfe bei der Einarbeitung der Korrekturen. All die noch vorhandenen Unzulänglichkeiten verbleiben natürlich allein in meiner Verantwortung.

Für Rolf

Mannheim, 23. Mai 2014

Inhaltsverzeichnis

1. Einführung 1
1.1 Grundeinheit Satz 1
1.2 Verbstellung 3
1.3 Kommunikative Funktion 6
1.4 Komplexität 10
1.5 Satzbausteine 15
1.6 Zusammenfassung 19

2. Topologisches Satzmodell – uniformes Grundmodell 20
2.1 Positionen in differenzierteren topologischen Satzmodellen . 21
2.2 Prädikatsteile und Satzklammer 23
2.3 (Satzwertige) Satzglieder und Felderpositionen 25
2.4 Einheiten in der Klammerposition 26
2.5 Satztypen im fünfgliedrigen topologischen Modell 27
2.6 Zusammenfassung 30

3. Topologisches Satzmodell – Beschränkungen 32
3.1 Linke Satzklammer als Position für Köpfe 32
3.2 Rechte Satzklammer und freie Infinitive 37
3.3 Vorfeld und Satzmodusfunktion 39
3.4 Mittelfeld und die Abfolge seiner Inhalte 41
3.5 Nachfeld und die Abfolge seiner Inhalte 51
3.6 Zusammenfassung 52

4. Topologisches Satzmodell – Erweiterungen 53
4.1 Am linken Rand des VF – Linksversetzung 54
4.2 Am linken Rand von MF – Wackernagelposition 56
4.3 Am linken Rand von RSK – Oberfelderöffnung 57
4.4 Koordinierte Sätze 65
4.5 Linke Satzperipherie – Außenfeld 68
4.6 Rechte Satzperipherie – Nachstellung und Schlussstellung ... 73
4.7 Zusammenfassung 77

5. Topologisches (Satz-)Modell – Anknüpfungspunkte 77
5.1 Das topologische (Drei-Satztypen-)Modell 78
5.2 Das hierarchische generative Satzmodell 82
5.3 Das generalisierte lineare Satzmodell 86
5.4 Das topologische Modell für Nominalphrasen 92
5.5 Zusammenfassung 94

Schlussbemerkung 94

Literatur 95

Glossar 99

Sachregister 100

Folgende Markierungen und Abkürzungen werden uns durch den Text hindurch begleiten:

ohne Markierung	= ein akzeptabler Satz des Deutschen
?	= ein nicht besonders guter (grammatisch leicht abweichender) Satz des Deutschen
??	= ein fast unakzeptabler (grammatisch stark abweichender) Satz des Deutschen
*	= ein ungrammatischer Satz des Deutschen
#	= ein Satz, der im gegebenen Kontext als nicht besonders passend empfunden wird
i.d.S/i.d.R.	in diesem Sinn/in der Regel
s.g.	so genannt

1. Einführung

Wir beginnen damit, Begrifflichkeiten rund um den Satz zu klären bzw. uns einer Menge grundlegender Konzepte zu versichern, die wir für das Verständnis dessen benötigen, was überhaupt ein Satz ist (§ 1.1). Trotz der relativ freien Wortstellung im Deutschen spielt für die Satzanalyse Verbstellung eine wichtige Rolle (§ 1.2). Als eines der zentralen Formmerkmale interagiert die Verbstellung mit dem Satzmodus (§ 1.3) und dem Status als Nebensatz oder Hauptsatz. Liegen komplexe Sätze vor, unterscheiden wir die Art ihrer Verknüpfung. Diese wiederum kennzeichnet die syntaktische Relation, die Sätze zueinander eingehen (§ 1.4). Betrachten wir den Satz als größte strukturierte Einheit, so bildet das Wort den elementaren Baustein des Satzes als kleinste Einheit. Wir werden aber sehen, dass für die Strukturbildung nicht das einzelne Wort als Baustein konstitutiv ist, sondern vielmehr die Wortgruppe, die eine den Satz strukturierende Funktion besitzt (§ 1.5).

1.1 Grundeinheit Satz

In der Grammatik der deutschen Gegenwartssprache bildet die Syntax als Lehre vom Satzbau einen weitgreifenden Bereich. Die Frage nach den Mustern und Regeln, auf deren Grundlage wir grammatische Sätze bilden und ungrammatische Sätze des Deutschen als diese erkennen können, ist eine durchaus komplexe und lässt sich auffächern in eine Vielzahl auf spezifische Subthemen bzw. Phänomene bezogener Einzelfragen. Eine dieser Fragen könnte z.B. lauten: Was ist überhaupt ein Satz und was konstituiert und definiert ihn ganz generell? Diese vielleicht recht naheliegende Frage wird aber in der Literatur sehr kontrovers diskutiert und infolge dessen unterschiedlich definiert. In der Grammatik der deutschen Sprache (= Zifonun et al. 1997) spricht man von ca. 200 Versuchen zur Satzdefinition. Satzdefinitionen werden dabei aus ganz unterschiedlichen theoretischen Blickwinkeln vorgenommen, wobei der Satz als Definitions- und Untersuchungsgegenstand recht unterschiedlich aufgefasst wird. Wir betrachten zwei Definitionsansätze, die uns dann auch durch unser Thema hindurch begleiten werden.

1.1.1 Definitionsansätze

Im Folgenden geben wir zwei Definitions- bzw. Explikationsansätze für den **Satz**. Man beachte, dass **verbzentrierte** – also formale statt funktionale – Aspekte in beiden Ansätzen in den Vordergrund gerückt werden, was für unseren späteren Zweck der Erfassung der topologischen Struktur von Sätzen eine wichtige Voraussetzung bildet.

> Der Satz ist [...] eine formbezogen bestimmte Einheit. [...] [Er ist eine] übergreifende Konstruktionsform, die mindestens aus einem **finiten Verb** [= nach Person, Numerus, Tempus, Modus und Genus Verbi flektiertes Verb; m. Hervorheb.] und dessen – unter strukturellen und kontextuellen Gesichtspunkten – notwendigen Komplementen besteht. (Zifonun et al. 1997: 86, 91)

> [Der Satz ist eine] nach sprachspezifischen Regeln aus kleineren Einheiten konstruierte Redeeinheit, die hinsichtlich Inhalt [und] grammatischer Struktur [...] relativ vollständig und unabhängig ist. [...] [Der Satz ist unter] formalen Aspekten als größte selbständige syntaktische Form [definiert], die durch keinerlei grammatische Konstruktionen ihrerseits in eine größere syntaktische Form eingebettet ist. [...] Unter formalem Aspekt ist die unterschiedliche Position der **finiten Verbform** [m. Hervorheb.] signifikant. (Bußmann 2008: 601)

1.1.2 Satz- vs. Nicht-Satz-Äußerungen

Im Sinne der Explikationsansätze von Zifonun et al. (1997) und Bußmann (2008) gibt (1) Beispiele für mögliche Sätze und damit auch für mögliche Redeeinheiten (nach Bußmann) des Deutschen; (1) enthält jeweils ein finites Verb und wird damit als Satz-Äußerung bezeichnet:

(1) Satz-Äußerung
    a. Ihr **müsst** alle hier raus!
    b. Es **gibt** heute heiße Waffeln.
    c. Die Entscheidung **erfolgte** durch Elfmeterschießen.
    d. **Steh** bitte auf!
    e. Ich **möchte** noch einmal Rom sehen.
    f. Warum **willst** du denn gleich aufgeben?

Wie wir bei näherer Beschäftigung aber leicht feststellen können, können Redeeinheiten im Unterschied zu (1) auch ohne Verb auftreten (2). Diese Redeeinheiten bezeichnen wir als Nicht-Satz-Äußerungen:

(2) Nicht-Satz-Äußerung
    a. Alle hier raus!
    b. Heute heiße Waffeln.
    c. Entscheidung durch Elfmeterschießen.
    d. Übergabe der US-Geiseln an Botschaft in Beirut?
    (Bsp. von Zifonun et al. 1997: 86; aus: Mannheimer Morgen 27.6.1985)

Verblose Äußerungen wie in (2) bilden zwar keine Vollsätze wie in (1), werden aber aus funktionaler Perspektive als **kommunikative Minimaleinheiten** bezeichnet, weil man damit selbständig sprachlich handeln kann, s. § 1.3: Mit ihnen kann der Sprecher u.a. Aufforderungen (2a) oder Aussagen machen (2b, c) oder Fragen stellen (2d). Problematischer bezüglich einer Einordnung als Satz oder Nicht-Satz steht es mit Äußerungen, die zwar über ein Verb verfügen, jedoch nicht über ein finites (3), dessen Auftreten aber in den Satzdefinitionen von Bußmann (2008: 601) und Zifonun et al. (1997: 91) konstitutiv ist:

(3) a. Alle **aufstehen**! / Alle **aufgestanden**!
 b. Einmal noch Rom **sehen**.
 c. Warum denn gleich **aufgeben**?

Beispiele wie in (3) werden in Zifonun et al. (1997: 86) als Nicht-Sätze aufgefasst, analog zu den Nicht-Satz-Äußerungen in (2). Wir werden hier auch zwischen Äußerungen unterscheiden, die verbhaltig vs. nichtverbhaltig sind und nur verbhaltige Konstruktionen als Sätze auffassen. Nicht-Sätze wie in (2) schließen wir im Folgenden aus der Analyse aus. Im Gegensatz zu Zifonun et al. (1997) beziehen wir Sätze des Typs (3) ein, s. die Argumente in § 3.3.

Über die Satzdefinitionen hinaus betrachten wir folgende Satzeigenschaften: a) die Verbstellung, b) die kommunikative Funktion, c) die Komplexität und d) die Satzbausteine selbst.

Grundbegriffe: Satz, (Nicht-)Satz-Äußerung, Redeeinheit, kommunikative Minimaleinheit, Verbhaltigkeit.

Weiterführende Literatur: Für einen informativen Überblick zur Satzproblematik und Multidimensionalität des Satzbegriffs, s. Zifonun et al. (1997: 86).

1.2 Verbstellung

Betrachten wir zuerst die satzstrukturellen Möglichkeiten des Deutschen und fokussieren dabei die **Verbstellung**: Es lassen sich genau drei grammatische Grundmuster unterscheiden, wobei das finite Verb plus dazugehörige Komplemente die obligatorischen Bestandteile des Satzes bilden. Wir sprechen von **Verbstellungstypen**.

1.2.1 Verb-Erst-Stellung

Das finite Verb steht an der Spitze des Satzes in **Erststellung**, der typischen Position bei *Ja-Nein*-Fragen (= Entscheidungsfragen) (4a), bei Aufforderungen (4b) und bei Wünschen (4c). In ausgewählten Kontexten können auch Aussagesätze mit V1-Stellung vorkommen (4d). V1-Stellung finden wir aber auch bei uneingeleiteten konditionalen Nebensätzen (4e):

(4) Erststellung des finiten Verbs (Verb-Erst- (= V1) oder Stirnsatz)
- a. **Wärmst** du dir denn nicht die Hände am Feuer?
- b. **Wärme** dir doch die Hände am Feuer!
- c. **Wärmtest** du dir doch die Hände am Feuer.
- d. **Kommt** ein Mann in die Kneipe....
- e. **Frierst** du, wärmt das Feuer dir die Hände.

1.2.2 Verb-Zweit-Stellung

Tritt ein Satzglied initial auf und das finite Verb folgt, so befindet sich das Verb in **Zweitstellung** (5a) – der typischen Position bei Aussagen. Wie (5b) zeigt, muss der dem finiten Verb vorausgehende Ausdruck nicht das Subjekt des Satzes sein. Bei Satzgliedfragen (= Ergänzungsfragen) tritt initial der entsprechende *w*-haltige Frageausdruck auf (5c). Fakultativ kann bei Aufforderungen, vgl. (4b), auch Nicht-Erst-, sondern Zweitstellung vorliegen (5d). Reine Stellungsglieder, die weder wie Satzglieder erfragbar noch pronominalisierbar sind (wie Konjunktional- (5e) oder Satzadverbien (5f)), können ebenfalls initial vor dem finiten Verb auftreten. Außerdem finden wir V2-Stellung auch in uneingeleiteten Nebensätzen, wie z.B. in Komplementfunktion (5g):

(5) Zweitstellung des finiten Verbs (Verb-Zweit- (= V2) oder Kernsatz)
- a. *Sie* **wärmt** *sich die Hände am Feuer.*
- b. *Am Feuer* **wärmt** *sie sich die Hände.*
- c. *Wer* **wärmt** *sich die Hände am Feuer?*
- d. *Die Hände* **wärme** *dir doch am Feuer!*
- e. *Nur/Doch/Dennoch* **wärmt** *das Feuer nicht wirklich.*
- f. *Vielleicht/Leider/Gewiss* wärmt *das Feuer (nicht).*
- g. *Ich glaube, das Feuer* **wärmt** *dir die Hände.*

1.2.3 Verb-End-Stellung

Hauptsätze (= selbständige Sätze) treten regulär mit V1- oder V2-Stellung auf, dagegen treten Nebensätze bzw. Gliedsätze (= unselbständige Sätze) regulär nicht mit V1- oder V2-Stellung auf, sondern mit satzfinalem finitem Verb. Das bezeichnen wir als **Endstellung**. Finite Gliedsätze weisen dabei satzinitial einen Satzeinleiter auf (6a), indirekte Fragesätze einen *w*-haltigen Frageausdruck (6b) oder Relativsätze ein *d*- bzw. *w*-haltiges Relativpronomen bzw. -ausdruck (6c). Wir können daneben auch beobachten, dass Wünsche oder Ausrufe in Form von selbständigen Sätzen mit finitem Verb in Endstellung geäußert werden (6d, e); ebenso können Wünsche oder Aufforderungen mit infinitem Verb in Endstellung geäußert werden (6f, g), s. auch (3).

(6) Endstellung des finiten Verbs (Verb-End- (= VE) oder Spannsatz)
    a. *dass/ob/weil* du dir die Hände am Feuer **wärmst**
    b. *wer* sich die Hände am Feuer **wärmt**
    c. (die Katze), *die/welche* sich am Feuer **wärmt**
    d. Wenn doch nur bald Ferien **wären**.
    e. Wie groß du schon **bist**!
    f. Noch mal 20 **sein**.
    g. Rasen nicht **betreten**!

Alle sonstigen Positionierungen des finiten Verbs ergeben in der Regel ungrammatische Sätze (7a); zu Sätzen, die ein grammatisches „Verbdrittmuster" aufweisen (7b), s. § 4.1.

(7)   a. *[David] [am Feuer] **wärmt** sich die Hände.
    b. Deine Hände, warum **wärmst** du sie nicht am Feuer?

1.2.4 Komplexe Prädikate

Unter syntaktisch-distributioneller Perspektive können wir sämtliche Sätze und auch Teilsätze in Verbstellungstypen einordnen, die letztlich unabhängig von der Anzahl der Verben im Satz gültig sind. Dabei beinhaltet ein Satz immer eine einfache oder zusammengesetzte Verbform. Sie bildet das Prädikat des Satzes und kennzeichnet die Satzaussage. (Wir unterschlagen hier zunächst – weil wir über Verbstellung sprechen –, dass ein Prädikatsteil auch nichtverbal sein kann.) Befinden sich mehrere Verbformen im Satz, bezeichnet man das als **komplexes verbales Prädikat**. Ein komplexes Prädikat finden wir zum Beispiel immer dann, wenn ein Satz modal (8c, d, g) oder als Perfekt markiert (8e, f, h) ist. Bei V2-Sätzen kann die initiale Position vor dem Finitum sogar durch einen nichtfiniten (= infiniten) Prädikatsteil besetzt werden (8d, f):

(8)   a.   <u>**Kann**</u> sie sich denn nicht die Hände am Feuer **wärmen**?
    b.   <u>**Hat**</u> sie sich denn nicht die Hände am Feuer **gewärmt**?
    c. Sie   <u>**kann**</u> sich die Hände am Feuer **wärmen**.
    d. *Wärmen* <u>**kann**</u> sie sich die Hände am Feuer.
    e. Sie   <u>**hat**</u> sich die Hände am Feuer **gewärmt**.
    f. *Gewärmt* <u>**hat**</u> sie sich die Hände am Feuer.
    g. …, dass/ob/weil sie sich die Hände am Feuer **wärmen** <u>**kann**</u>
    h. …, dass/ob/weil sie sich die Hände am Feuer **gewärmt** <u>**hat**</u>.

Trotz des jeweils komplexen Prädikats in (8) ist das finite Verb relevantes und entscheidendes Kriterium für die Klassifikation nach Verbstellungstyp. Das infinite Verb kann weder in Erststellung oder in gemeinsamer Erststellung mit dem finiten Verb auftreten (9a, b), noch in Zweitstellung oder gemeinsamer Zweitstellung (9c, d). Bei

5

Endstellung tritt das finite Verb regulär nach dem infiniten Verb auf (8g, h) vs. (9e).

(9) a. ***Gewärmt** sie sich denn nicht die Hände am Feuer **hat**?
    b. ***Hat** gewärmt sie sich denn nicht die Hände am Feuer?
    c. *Sie **gewärmt** sich die Hände am Feuer **hat**.
    d. *Sie gewärmt **hat**/ **hat** gewärmt sich die Hände am Feuer.
    e. *..., dass/ob/weil sie sich die Hände am Feuer **hat gewärmt**

Die Position des finiten Verbs in der linearen Anordnung aller Satzelemente (auch ggf. vorhandener zusätzlicher Prädikatsteile) bildet somit eine konstante Bezugsgröße: Indem wir die lineare Anordnung von Satzelementen untersuchen und erfassen, wird es ein einfacher Schritt sein, diese lineare Anordnung durch eine Abbildung in ein linear organisiertes Strukturmodell zu erfassen, s. § 2.

Grundbegriffe: Struktur-/Verbstellungstyp, Kern-/Stirn-/Spannsatz, Entscheidungs-/Ergänzungsfrage, (un)selbständiger Satz, (komplexes) Prädikat.

Weiterführende Literatur: Überblick zum Prädikatsbegriff s. Zifonun et al. (1997: 676-726); Zu (nicht-)satzförmigen Ausdrücken bei (In-)Finitheit s. Altmann/Hahnemann (2007, § 2.2.5.1).

1.3 Kommunikative Funktion

Wir haben anhand der Beispiele in § 1.2 sehen können, dass Verbstellungstypen im Deutschen mit bestimmten **kommunikativen Funktionen** korrelieren, wie z.B. Aussagen treffen und Fragen stellen. Diese kleinste sprachliche Einheit mit pragmatisch-kommunikativer Funktion wird als **Kommunikative Minimaleinheit** (= KM) bezeichnet. Allgemeingültiges Merkmal einer KM ist eine **terminale Intonationskontur**. D.h. eine KM weist keinen gleichbleibenden (= progredienten) Tonhöhenverlauf auf, sondern ein fallendes oder ansteigendes Intonationsmuster, das das Satzende signalisiert, s. Tab. 2. Mit einer KM wird selbständig sprachlich gehandelt und der Typ der sprachlichen Handlung ist erkennbar. I.d.S. bilden Sätze wie (1b, c), (2b) und (10a) Aussagen bzw. Behauptungen und (1f), (2d) und (10b, c) Fragen.

(10) a. Alex **wärmt** sich die Hände am Feuer.
    b. Wer **wärmt** sich die Hände am Feuer?
    c. **Wärmt** sich Alex am Feuer die Hände?

1.3.1 Illokution und Satzmodus

Aus der Verknüpfung zwischen Formtyp und Funktionstyp (= Frage stellen, Aussage/Behauptung und Aufforderung machen) resultiert der **Satzmodus** (s. Altmann 1987: 22). Ein Merkmal eines Formtyps haben wir bereits mit der Verbstellung kennengelernt. Auf weitere den Satzmodus konstituierende Formtypen wie Verbmodus, lexikalische Mittel, etc. werden wir gleich eingehen. Im Deutschen werden mindestens drei zentrale Satzmodi unterschieden: **deklarativ** (mit dem Aussage- bzw. Deklarativsatz), **interrogativ** (mit dem Frage- bzw. Interrogativsatz) und **imperativ** (mit dem Aufforderungs- bzw. Imperativsatz).

Funktionstyp	Formtyp Verbstellung	Satzmodus
Behaupten	V2	deklarativ
Fragen		(ergänzungs)interrogativ
Fragen	V1	(entscheidungs)interrogativ
Auffordern		imperativ

Tabelle 1: Korrelation zwischen Verbstellungstypen und Satzmodus

Für Ausrufe (mit dem Exklamativsatz) und Wünsche (mit dem Optativsatz) ist umstritten, ob sie zu den (zentralen) Satzmodi gezählt werden, insbesondere deshalb, weil sie sich nicht auf einheitliche Formtypen festlegen lassen, s. § 3.2. Eine sprachliche Handlung – genauer gesagt – die Sprechhandlungsintention einer Äußerung (= **Illokution**) wird schließlich über den Satzmodus festgelegt (s. Brandt et al. 1992). Dieser Ansatz ist von der Voraussetzung geprägt, dass die Bestimmung der Illokution einer Äußerung strikt über den Satzmodus erfolgt, wobei ein breites Illokutionspotential vorliegen kann, das u.a. von der lexikalischen Füllung und von kontextuellen Faktoren abhängt (s. Altmann 1987: 24):

(11) Steh (endlich/sofort/bitte) auf!
Satzmodus: imperativ
Illokution: Aufforderung, Befehl, Bitte ...

Wir möchten an dieser Stelle noch einen kurzen Hinweis zum Ergänzungsinterrogativ geben: Verbleibt dagegen der *w*-haltige Ausdruck satzintern, bildet das im Deutschen keine Frage, die kontextfrei geäußert werden kann, sondern eine Echofrage (10a)', die eine z.B. ungläubige Nachfrage sein kann. Hierbei muss der *w*-haltige Ausdruck betont sein. Ist er dagegen unbetont, liegt keine Echofrage, sondern ein Deklarativsatz (= Aussagesatz) mit indefinitem Satzglied vor; wir interpretieren dann *wer* indefinit als *irgendwer* (10b)'.

(10)' a. Sprecher 1: Am Feuer **wärmt** sich Alex die Hände.
Sprecher 2: Am Feuer **wärmt** sich *WER* die Hände?
Sprecher 1: Alex – hab ich gesagt – wärmt sich die Hände.
b. Am Feuer **wärmt** sich *wer* die Hände.

Kehren wir zurück zum Formmerkmal Verbstellung: Wir können aufgrund unserer bisherigen Ausführungen leicht erkennen, dass nicht ausschließlich der Verbstellungstyp mit bestimmten **Satzmodi** korreliert. Das zeigte schon der selbständige deklarative V1-Satz (4d). Wir müssen folglich beachten, dass kanonische Deklarativsätze zwar mit dem V2-Muster im Deutschen auftreten, aber trotzdem mit einem V1-Muster (12a-c) deklarativer Satzmodus gekennzeichnet werden kann. Ebenso kann der Imperativ – typisch mit V1-Muster – mit V2-Muster auftreten (12d).

(12) a. **Geht** 'n Mann in die Kneipe, **bestellt** sich 'n Bier,…
 b. **Kommt** ein Vogel geflogen.
 c. **Hab** ich ihr doch ganz frech 'nen Kuss gegeben.
  (Bsp. von Reis 2000: 215f., z.T. nach Önnerfors 1997)
 d. Die Schuhe **stell´** sofort zurück!

1.3.2 Satzmodusmerkmale

Der Verbstellungstyp ist folglich nicht ausschließlich relevant für die Kennzeichnung des Satzmodus bzw. dafür, welche pragmatisch-kommunikative Funktion mit einem Satz verknüpft wird. Neben der Verbstellung determinieren den Satzmodus weitere **Formmerkmale** (s. Altmann 1987) wie Verbmodus, Vorkommen eines *w*-haltigen Ausdrucks vor dem finiten Verb und das Grenztonmuster.

Verbstellung	Verbmodus	*ob, wenn, …*, *w*-haltiger Ausdruck in Einleitungsposition	Grenztonmuster steigend ↑ fallend ↓	Satzmodus *prototypisch peripher*
V1	Indikativ und Konjunktiv	-	↑	*Entscheidungsinterrogativ*
	Imperativ	-	↓	***Imperativ***
	Konjunktiv	+	↓	*Optativ*
	Indikativ	-	↓	*Exklamativ*
V2	Indikativ und Konjunktiv	-	↓	***Deklarativ***
	Konjunktiv	+	↑	*Ergänzungsinterrogativ*
	Indikativ	-	↓	*Exklamativ*
	Konjunktiv	-	↓	*Optativ*
VE	Indikativ und Konjunktiv	+	↑	*Ergänzungsinterrogativ Entscheidungsinterrogativ*

Tabelle 2A: Korrelation der modusrelevanten Formmerkmale

Es muss beachtet werden, dass zwar Hauptsätze, die prototypisch aufgrund ihrer Verbstellung (V1 oder V2) selbständig sind, unumstritten satzmodus-wirksame Strukturen sind, aber auch VE-Sätze (periphere) Satzmodi bilden, s. Tab. 2A.
Neben den o.g. Merkmalen der Formtypen spezifizieren also auch (Modal-)Partikeln (= MP) als lexikalische Mittel den Satzmodus, wobei einige der möglichen Kombinationen von MP mit Satzmodi in Tab. 2B aufgeführt sind.

Satzmodus	MP	Beispiel
Deklarativ	doch, eben, halt, ja, ...	Das versprach man uns *doch/ja* alles.
Entscheidungsinterrogativ	denn, etwa, wohl, ...	Versprach man uns das *denn/wohl* alles?
Ergänzungsinterrogativ	bloß, denn, eigentlich, ...	Was versprach man uns *bloß/eigentlich*?
Imperativ	bloß, halt, ...	Versprich uns *bloß/halt* nicht alles!
Optativ	bloß, doch, nur	Verspräche man uns *doch/nur* nichts!

Tabelle 2B: Kombination von MP und Satzmodus

1.3.3 Prototypischer und peripherer Satzmodus

Wir haben **prototypische** (zentrale) Satzmodi (in Tab. 2A fett markiert) und **periphere** Satzmodi unterschieden. Ein peripherer Satzmodus kann auch resultieren, wenn ein prototypischer Satzmodus durch die Verwendung eines der o.g. Formmerkmale verändert bzw. überprägt wird. Betrachten wir dazu ein Beispiel: Ein für die jeweilige Verbstellung untypischer Satzmodus kann durch Veränderung des Grenztonmusters resultieren; V2-Stellung mit einem nicht-*w*-haltigen Ausdruck vor dem finiten Verb plus fallendes Grenztonmuster kennzeichnet kanonische Deklarativsätze (13a). Ein steigendes Grenztonmuster überprägt den Deklarativsatzmodus derart, dass sich damit die Möglichkeit bietet, Fragen zu stellen (13b), die als assertive Fragesätze bezeichnet werden.

(13) a. Sie hat sich in der Kneipe ein Bier bestellt↓
     b. Sie hat sich in der Kneipe ein Bier bestellt↑

So resultiert aus dem für den deklarativen Satzmodus ungültigen aufsteigenden Grenztonmuster ein peripherer interrogativer Satzmodus bei gleichbleibenden übrigen Formmerkmalen.
VE-Vollsätze bilden periphere Satzmodi (s. Tab 2A letzte Zeile), weisen ein breites illokutives Spektrum auf: I.d.S. haben sie Aufforderungscharakter mit Adressatenbezug (*Dass du mir das bloß/ja versprichst!*); *ob*-Vollsätze weisen dabei Ähnlichkeiten zu Entscheidungsfragen auf (*Ob du mir das wohl versprechen kannst?*),

w-Vollsätze Ähnlichkeiten zu Ergänzungsfragen (*Was man dir da wohl versprochen hat?*) und *wenn*-Vollsätze Ähnlichkeiten zu Wunschsätzen, die neben dem Konjunktiv die Partikel *doch* aufweisen (*Wenn er mir das **doch** versprechen könnte!*).

Grundbegriffe: Intonation/Grenztonmuster, illokutives Potential, Funktionstyp, (prototypischer/peripherer) Satzmodus, Verbmodus, Formtyp.

Weiterführende Literatur: Allgemeines bei Zifonun et al. (1997: 89, 596-675); Spezielles zum Satzmodus s. Altmann (1987), Brandt et al. (1992); zur Modalpartikeln-Kombination s. Thurmair (1989).

1.4 Komplexität

Sätze können einfach sein, d.h. aus einem einzigen Satz bestehen, oder komplex, d.h. aus mindestens zwei koordinierten oder zwei nicht koordinierten Sätzen bestehen. Was einen Satz konstituiert, wird auch hier wieder entscheidenden Einfluss darauf haben, ob ein Satz als komplex eingestuft wird oder nicht. Betrachten wir Sätze aus der Perspektive der Komplexität auf der Ebene der syntaktischen Struktur: Im Allgemeinen unterscheidet man Sätze, die selbständig vorkommen können und damit Hauptsätze sind (14a, b), von Sätzen, die i.d.R. nicht selbständig vorkommen können und Nebensätze sind (14c'). I.d.S. ist (14c') in der Verwendung als selbständiger Satz nur unter spezifischen kontextuellen Bedingungen möglich.

(14) a. Der Wasserpegel steigt.
b. Der Wasserpegel *des Rheins* steigt *schneller als erwartet*.
c. Sprecher 1: Was hast du eben gesagt?
c.' Sprecher 2: Dass/Weil der Wasserpegel schneller als erwartet steigt.

Als einfache Sätze werden solche bezeichnet, die neben dem finiten Verb die nichtsatzartigen valenznotwendigen Ergänzungen (sowie nichtsatzartige Angaben) enthalten (14a)'. Satzgefüge (= komplexe Sätze) weisen dagegen mindestens zwei finite Verben (14b)' oder ein finites und ein mit *zu*-markiertes infinites Verb auf (14c, d)', womit auch infinite Komplemente und adverbiale Infinitivsätze den Komplexitätsgrad des Satzes erhöhen können. Die Komplexität bzw. die Einbettungsstruktur wird mit eckigen Klammern illustriert – je höher der Klammerindex, desto tiefer der Einbettungsgrad.

(14)' a. [Man **befürchtete** es.] / [Man **hat** es **befürchtet**.]
b. [₁ Man **hat** befürchtet, [₂ dass der Wasserpegel schneller **steigt**.]]
c. [₁ Man **hat** versucht, [₂ das Problem *zu lösen*.]]
d. [₁ Man **hat** sich zusammengesetzt, [₂ um das Problem *zu lösen*.]]

1.4.1 Satzwertigkeit und Nichtsatzwertigkeit

Dass infinite Sätze zur Komplexität ebenso beitragen wie finite Sätze, zeigen folgende Argumente: 1. Infinite Sätze alternieren mit finiten Sätzen (15a, b) und sie sind 2. vergleichbar distribuiert – d.h. beide treten sowohl nachgestellt (15a, b) als auch vorangestellt auf (15c, d). Dagegen können beide recht schlecht in MF auftreten (15e, f). Man beachte aber auch, dass *zu*-Infinitive nicht generell satzwertig sind, es aber sein können (mehr dazu s. auch § 4.3).

(15) a. Sein Vater hat bereut, **dass er ihn unterstützt hat**.
 b. Sein Vater hat bereut, **ihn unterstützt zu haben**.
 c. Dass er ihn unterstützt hat, hat sein Vater bereut.
 d. **Ihn unterstützt zu haben**, hat sein Vater bereut.
 e. ?Sein Vater hat, **dass er ihn unterstützt hat**, bereut.
 f. ?Sein Vater hat, **ihn unterstützt zu haben**, bereut.

Wir werden Bußmann (2008: 601) also nur z.T. bei der Einschätzung über die Nicht-Satzwertigkeit von Infinitivkonstruktionen folgen und mit *zu*-markierte infinite Adverbial- und Ergänzungssätze aufgrund ihrer mit finiten Sätzen vergleichbaren Eigenschaften (15) als Sätze behandeln, die mit ihrem Bezugssatz ein Satzgefüge bilden können, s. § 4.3.

1.4.2 Satz und Satzgefüge

Nebensätze gelten als unselbständige Sätze, die i.d.R. in einen übergeordneten Bezugssatz eingebettet sind (zu Teilsätzen, die nicht eingebettet sind, s. zur Unintegriertheit in § 4.6). I.d.S. ist der Gesamtsatz komplex; es liegt ein Satzgefüge vor:
- einfache selbständige Sätze, die nur ein finites Verb enthalten plus valenznotwendige Ergänzungen oder/und Angaben/Attribute (oder unselbständig mit *zu*-markiertem Infinitiv) und
- komplexe Sätze, die entweder mindestens zwei finite Verben oder mindestens ein finites Verb plus mindestens einen satzwertigen *zu*-markierten Infinitiv enthalten, der erweitert sein kann.

	mehr als ein finites Verb möglich	valenznotwendige Ergänzungen oder/und Angaben oder/und Attribute	*zu*-Infinitiv
Satz	–	+	+
Satzgefüge	+	+	+

Tabelle 3: Merkmale einfacher Sätze und Satzgefüge

1.4.3 Merkmale von Haupt- und Nebensätzen

Ein Hauptsatz – i.d.R. mit V1- oder V2-Muster – ist ein selbständiger Satz, der neben dem Verb stets alle Strukturstellen umfasst, in die Ergänzungen/Komplemente auch in Form von Teilsätzen eintreten, s. (14b)'. Das Verhältnis zwischen Verb und Komplement wird als Subkategorisierung bezeichnet. Ein Nebensatz – i.d.R. mit VE-Muster – ist ein unselbständiger Satz. Auch ein Nebensatz umfasst stets alle Strukturstellen des Verbs. VE-Strukturen können aber unter bestimmten Bedingungen – ob eingeleitet (16a, b) oder nicht – frei auftreten, worauf wir bereits weiter oben hingewiesen haben. Diese so genannten selbständigen VE-Strukturen gelten als pragmatisch markiert, d.h. auf einen bestimmten Handlungstyp bezogen bzw. begrenzt, sowie an spezifische kontextuelle Bedingungen gebunden: (16a) kann als Illokution eine Bitte, eine Aufforderung oder ein Befehl sein, (16b) Überraschung oder Entsetzen ausdrücken. (16c) als infinite Satzstruktur kann ebenfalls eine Bitte oder Aufforderung sein, (16d) ein expressiv geäußerter Wunsch mit Sprecherbezug.

(16) a. Dass du mir nicht so spät **kommst**!
      b. Ob der wohl noch zu retten **ist**!
      c. Alle spitzen Gegenstände **abgeben**.
      d. Woraus jetzt noch was Tolles **zaubern**?

Den obigen Unterschieden Rechnung tragend, wird in Grammatiken zwischen Haupt- und Nebensatz unterschieden.

- Der Nebensatz mit VE-Struktur, tritt er als Gliedsatz in einem komplexen Satzgefüge auf, ist als solcher **strukturell unselbständig**.
- Der Hauptsatz ist dagegen derjenige (Teil-)Satz, der **strukturell selbständig** und nicht Teil eines übergeordneten Satzes ist. Hauptsatzstrukturen haben i.d.R. kein VE-Muster.

Als ausschließlich strukturell erweist sich damit die Erfassung dessen, was ein Nebensatz bzw. eine Nebensatzstruktur ist, also nicht. Hinzu kommt, dass nicht alle Nebensätze VE-Stellung haben. Nur wenn der Nebensatz mit einem Einleitungselement beginnt, das VE-Stellung des Folgesatzes fordert (17a, a'), oder der Nebensatz uneingeleitet und infinit ist, liegt obligatorisch VE-Stellung vor (17b). Einleitungselemente wie *denn*, aber auch *weil* (in der Funktion des Wissens um die (Un-)Sicherheit einer stattfindenden Handlung) fordern V2-Stellung des Folgesatzes; der Folgesatz ist dennoch semantisch abhängig, insofern er als Adverbialsatz fungiert (17c). Fehlen satzeinleitende Elemente, dann ist im finiten Satz die

Voranstellung des finiten Verbs möglich (17d). Ob der Nebensatz dann als V2-Struktur auftreten kann – und im funktionalen Sinne weiterhin als Teilsatz fungiert – wird von der Semantik des subkategorisierenden Verbs bestimmt; Verben des *Glaubens* und *Sagens* können V2-Sätze einbetten.

(17) a. [₁ Man weiß, [₂ **dass/warum** der Wasserpegel schnell **steigt**.]]
 a.' [₁ Man muss schnell handeln, [₂ **um** den Wasserpegel **zu senken**.]]
 b. [₁ Man kündigt an, [₂ den Wasserpegel **zu senken**.]]
 c. [₁ Wir sollten handeln, [₂ **denn/weil** der Wasserpegel **steigt** schnell.]]
 d. [₁ Ich **glaube/sage**, [₂ der Wasserpegel **steigt** schnell.]]

1.4.4 Einbettbarkeit

Als Nebensätze/Teilsätze können Sätze auf unterschiedliche Weise abhängig bzw. eingebettet sein: ein Komplementsatz ist abhängig vom übergeordneten Prädikat (17a, b, d), ein Adverbialsatz modifiziert semantisch das übergeordnete Prädikat (17 a', c) und (18a) – diese Teilsätze bezeichnet man als Gliedsätze. Nebensätze/Teilsätze, die wie in (18b) ein nominales Satzglied modifizieren/spezifizieren, sind Attributsätze – man bezeichnet sie als Satzgliedteile. Unabhängig von der Art der Abhängigkeit sind Teilsätze in den Satz eingebettet, der das Bezugselement (in unserem Fall das Prädikat bzw. das Subjekt) enthält. Vom Teilsatz aus betrachtet, ist der einbettende Satz in (17) und (18) der Bezugssatz und gleichzeitig der Hauptsatz, da dieser nicht wiederum eingebettet ist.

(18) a. [₁[₂ Um dem Hochwasser zu trotzen] werden Dämme **angelegt**.]
 b. [₁ **Dämme**, [₂ die dem Hochwasser trotzen,] wird man jetzt anlegen.]

Aber auch der Bezugssatz selbst kann wieder eingebettet sein. Auf diese Weise kann eine mehrfach verschachtelte Struktur entstehen, mit jeweils verschiedener Abhängigkeitsrelation zum jeweiligen Bezugssatz (das Bezugselement des Teilsatzes ist fett markiert).

(19) [₁ Ich **vermute**, [₂ dass sie **weiß**, [₃ dass er **glaubt**, [₄ sie **verreist** an die See, [₅ um sich **zu erholen**, [₆ damit sie den **Aufgaben** gewachsen ist, [₇ die sie bald wieder erwarten.]]]]]]]

In dem Satzgefüge in (19) ist der Satz *Ich vermute...* derjenige Bezugssatz, der von keinem weiteren Satz eingebettet wird. Als Bezugssatz bettet er den finiten VE-Objektsatz *dass sie weiß* ein, dieser wiederum einen finiten VE-Objektsatz *dass er glaubt,* usw. Somit ist die Einbettung von (Satz-)Strukturen potentiell uneingeschränkt möglich. Wir bezeichnen dies als rekursive Eigenschaft von syntaktischen Strukturen. Tatsächlich beschränkt ist die Menge der Einbettungen bzw. die Komplexität durch das Aufrechterhalten der Interpretierbarkeit. Von jedem eingebetteten Satz aus aufwärts gesehen, ist der jeweils übergeordnete Satz ein Matrixsatz.

1.4.5 Fügungsarten

Neben verschachtelten Satzstrukturen mit der Fügungsart Einbettung bzw. Unterordnung oder Subordination (= Unterordnung/Hypotaxe), s. § 2.3, können Sätze auch als komplexe Reihungen auftreten und damit koordiniert sein. Dann liegt Neben- bzw. Beiordnung vor, s. dazu § 4.4. Traditionell wird einheitlich die Fügungsart Subordination für Komplementsätze, Adverbialsätze und Relativsätze angenommen. Sätze, die weder subkategorisiert noch adverbial angeschlossen sind, werden als nichtsubordiniert betrachtet, was die folgende Tabelle widerspiegelt:

Subordinationsstrukturen		keine Subordinationsstrukturen
subkategorisierte Teilsätze	Adverbialsätze	Satzkoordinationen
+ subkategorisiert	− subkategorisiert	− subkategorisiert
− selbständig	− selbständig	+ selbständig

Tabelle 4: Taxonomie der Fügungsarten im Deutschen

Satzkoordination kann natürlich auch VE-Strukturen miteinander verknüpfen, wenn diese als ein Satzglied des Bezugssatzes fungieren (*Ich glaube, dass sie müde ist **und** dass sie glücklich ist.*) Als Nicht-Satzglieder sind Satzkoordinationen i.d.R. keine VE-Strukturen. Kehren wir zu Tab. 4 zurück: Es fällt auf, dass die traditionelle Gruppierung von Teilsätzen zur jeweiligen Fügungsart letztlich als von der Verbstellung abhängig betrachtet wird. D.h. unter den zwei Kategorien [± subkategorisiert] und [± selbständig] wird nur die Kategorie [± selbständig] in den Grammatiken als konstitutiv erachtet (oben grau unterlegt); solange bilden die Adverbialsätze immer eine Fügungsart, die genau zwischen die Subkategorisierungsstrukturen und die Satzkoordinationsstrukturen fällt: Mit den subkategorisierten Sätzen teilen die Adverbialsätze die strukturelle Unselbständigkeit (da i.d.R. VE-Struktur) und mit den koordinierten Sätzen teilen die Adverbialsätze die Unabhängigkeit nichtsubkategorisierter Sätze. Noch ein Wort zu Relativ- bzw. Attributsätzen: Sie gelten weder als subkategorisiert noch als selbständig. Freie Relativsätze hingegen können eine Nominalphrase vertreten und als solche auch subkategorisiert sein.

Grundbegriffe: Satzgefüge, Hauptsatz, Nebensatz, Bezugssatz, Satzwertigkeit, Subkategorisierung, Komplementsatz, Gliedsatz, Adverbialsatz, Matrixsatz, Satzeinleiter, Fügungsart, Subordination/Unterordnung/Hypotaxe, Koordination/Neben- oder Beiordnung.

Weiterführende Literatur: Eisenberg (1999: 24ff.), Fabricius-Hansen (1992: 459ff.), Fabricius-Hansen/Ramm (2008), Reis (1997: 122), Zifonun et al. (1997: 2250f.).

1.5 Satzbausteine

Eine zentrale Beobachtung, wenn wir über syntaktische Strukturen nachdenken, ist, dass Sätze nicht nur aus einer Folge von Wörtern bestehen. Vielmehr bilden einige Wörter stets zusammenhängende Einheiten innerhalb der großen übergeordneten Einheit ‚Satz'. Das, was für die Satzstellung einer Sprache primär relevant ist, sind universal nicht die Wörter, sondern vielmehr größere Gliederungseinheiten, s.g. **Konstituenten** bzw. **Wortgruppen** oder **Phrasen**, vgl. ausführlich dazu Musan (2008).

1.5.1 Konstituenten

Die Konstituentenstruktur beruht auf einer **Teil-Ganzes-Relation**, d.h. der Zusammenfügung einfacher Konstituenten (= Wort) zu komplexen Konstituenten (= Wortgruppe). Eine Konstituente ist dabei jede sprachliche Einheit, die Teil einer größeren sprachlichen Einheit ist. Eine Konstituentenanalyse kann z.b. als Schachtelung oder Klammerung dargestellt werden, wobei eine feingliedrigere Analyse die **unmittelbaren Konstituenten** (in den Kästchen) intern weiter strukturiert (in eckigen Klammern). Der äußere Kasten umfasst als die größte Konstituente den gesamten Satz.

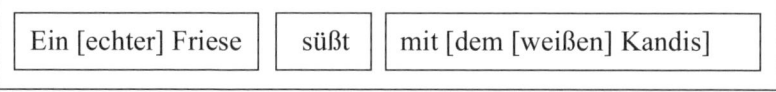

Abbildung 1: Konstituentenanalyse

Enthalten nun die unmittelbaren Konstituenten selbst noch einmal mehrgliedrige Konstituenten und fassen wir den Begriff der Konstituente ganz allgemein, dann bilden die zutiefst enthaltenen einzelnen Wörter Konstituenten. Sucht man einen plastischen Vergleich, dann sind Sätze (= als die übergeordneten Konstituenten) wie Züge, die aus Waggons (Konstituenten) bestehen, die wiederum jeweils aus kleineren Abteilen (Konstituenten) bestehen, in denen sich schließlich einzelne Sitze aneinander reihen – oder wie der Dokumentenordner auf unserem PC, der viele untergeordnete Ordner enthalten kann, die wiederum Ordner enthalten usw., bis auf der letzten Ebene die Ordner dann Texte enthalten.

1.5.2 Konstituentenproben

Am leichtesten sind Konstituenten (auch die komplexerer Art) daran zu erkennen, dass sie neben strukturellen Eigenschaften, auf die wir gleich eingehen werden, vor allem eine zentrale funktionale Eigenschaft aufweisen: Konstituenten können im Satz grammatische Funktionen als Subjekt, Objekt oder Adverbial übernehmen, s. § 5.3. Dabei ist das Auftreten von Subjekt und Objekten im Satz i.d.R. obligatorisch. Ein Wort zum Subjekt: Im Deutschen müssen in finiten Kontexten Subjekte realisiert werden. Ihr Auftreten ist gebunden an die grundlegende grammatische Kongruenzrelation zwischen Subjekt und finitem Verb. Deutsch wird als subjektprominente Sprache ohne die reguläre Möglichkeit der Weglassbarkeit des (pronominalen) Subjekts bezeichnet (s.g. Pro-drop-Sprachen wie Italienisch können das). Dadurch wird klarer, weshalb das Auftreten des Subjekts in vielen Grammatiken konstitutives Satzmerkmal ist. Kehren wir zurück zum Konstituentenbegriff.

Mit Konstituenten lassen sich je nach Wortstellungsfreiheit einer Sprache innerhalb des Satzes verschiedene Proben durchführen:
- **Verschiebeprobe** (= Permutationstest): Konstituenten lassen sich als Ganzes (und je nach Zusammensetzung nur als Ganzes) an den Satzanfang verschieben (= Topikalisierung) (20a) vs. (20a').
- **Ersetzungsprobe** (= Pronominalisierungstest): Konstituenten lassen sich als sprachliche Einheiten i.d.R. nur als Ganzes durch ein Pronomen ersetzen (20b).
- **Frageprobe**: Konstituenten sind nur als Ganzes erfragbar (20c).
- **Weglassprobe** (= Tilgungstest): Was weggelassen werden kann, ist eine Konstituente (20d) vs. (20d'). (20d') zeigt ein Beispiel für eine mittelbare Konstituente, die nicht weggelassen werden kann, weil sie Teil der größeren Konstituente *mit dem weißen Kandis* ist. (Man beachte aber, dass dieser Test sehr problematisch ist, da in s.g. elliptischen Konstruktionen auch Konstituententeile weggelassen werden können: *weil sie den Hut ab- und die Mütze aufgesetzt hat*).
- **Koordinationsprobe** (= Koordinationstest): Konstituenten (jeder Art) sind koordinierbar (20e).

Insofern dienen diese Proben oder Tests zur Identifikation von Konstituenten und zwar den hier anvisierten unmittelbaren Konstituenten (die Koordinationsprobe erfasst auch Teilkonstituenten und die Wortkonstituente). Voraussetzung ist aber immer, dass diese Proben ohne Grammatikalitätsverlust durchgeführt werden können:

(20) a. [Mit dem weißen Kandis] süßt ein echter Friese den Tee.
 a.' *[Dem weißen Kandis] süßt ein echter Friese den Tee mit.
 b. [Damit] süßt ein echter Friese den Tee.
 c. [Womit] süßt ein echter Friese den Tee?
 d. Süßt ein echter Friese den Tee [mit dem weißen Kandis]?
 d.' *Süßt ein echter Friese den Tee mit [dem weißen Kandis]?
 e. [Mit [[dem weißen Kandis] und [Sahne]] genießt ein echter Friese den Tee.

Betrachten wir die tiefer eingebetteten Konstituenten: Sie sind i.d.R. nur mit Substitution durch äquivalente Konstituenten (Substitutionstest) (21a), dem Koordinationstest (21b) und (unter Berücksichtigung z.B. der Valenzanforderungen) mit dem Tilgungstest (21c, d) erfassbar.

(21) a. [[Ein/Der [echter/richtige [Friese/Wiener]]] [süßt/würzt] [mit/ohne [dem/den [weißen/braunen [Kandis/Zucker]]]]].
 b. [[Ein [[echter] und [richtiger] [Friese]]] [süßt] [mit [dem [weißen [Kandis]]]]].
 c. [Ein echter Friese] [süßt] [mit weißem Kandis].
 d. *[Ein echter Friese] [süßt] [mit weißem Kandis].

Wir müssen allerdings beachten, dass die verschiedenen Konstituentenproben – auf einen Satz angewandt – auch zu widersprüchlichen Ergebnissen führen können und deshalb nicht sehr zuverlässig sind. Darüber hinaus müssen wir beachten, dass die Proben nur in eine Richtung funktionieren: Nur Konstituenten können solche Proben bestehen, aber nicht alle Konstituenten bestehen diese Proben.

1.5.3 Konstituente vs. Satzglied

Grammatiken sprechen meistens von Konstituenten als Satzglieder. Konstituenten können aber auch mehr als ein Satzglied umfassen. Insofern ist ein Satzglied immer eine Konstituente, aber nicht umgekehrt.

Man beachte also, dass sich die Konzepte Konstituente und Satzglied nicht 1:1 decken: In (22b) können zwei Satzglieder *seinen Tee* und *mit weißem Kandis* gemeinsam mit dem infiniten Prädikatsteil an den Satzanfang verschoben werden; damit bilden zwei Satzglieder – weil sie die Verschiebeprobe bestehen – eine Konstituente.

(22) a. Nur ein echter Friese wird seinen Tee mit dem weißen Kandis süßen.

b. [Seinen Tee mit dem weißen Kandis süßen] [wird] [nur ein echter Friese].

Soweit das Elementare: Zwar können (bestimmte) Satzglieder/Konstituenten im Satz verschoben, sowie durch andere (passende) ersetzt werden (Substitutionstest), aber dabei gelten stets bestimmte Abfolgebedingungen, d.h. lineare Bedingungen, die berücksichtigt werden müssen. Eben diese tragen dazu bei, die für eine Sprache konstitutive Verbstellung zu determinieren, worauf wir in § 1.2 bereits hingewiesen haben.

1.5.4 Wortgruppen/Phrasen und Köpfe

Wie wir nun schon bei den Konstituenten sehen konnten, bilden einige Wörter stets zusammenhängende Einheiten. Wir können diese Einheiten auch als **Wortgruppen** oder **Phrasen** bezeichnen. Betrachten wir uns diese s.g. Phrasen etwas genauer, dann können wir feststellen, dass immer ein Bestandteil eine zentrale Rolle innerhalb der Phrase spielt und gewissermaßen Namensgeber für sie ist; diesen zentralen Bestandteil bezeichnen wir als **Kern** oder **Kopf**, um den herum sich andere Bestandteile gruppieren können. Aber wie erkennt man den Kopf innerhalb einer Phrase?

Der Kopf ist innerhalb der Phrase eine obligatorische Einheit, von der weitere Bestandteile innerhalb der Phrase abhängen können. Nur Köpfe sind i.d.S. Valenzträger und bestimmen, in welcher Form der geforderte Bestandteil (= Kokonstituente/Komplement) auftreten muss. Darüber hinaus bestimmt der Kopf über seine kategorialen Eigenschaften die Kategorie der gesamten Phrase. Dazu betrachten wir (23):

(23) a. [$_{PP}$ *Mit* [$_{NP}$ dem weißen Kandis]] süßen die Friesen.
b. *[$_{PP}$ *Mit*] süßen die Friesen.
c. *[$_{PP}$ *mit* [$_{NP}$ den weißen Kandis]]
d. [$_{PP}$ *mit* [$_{NP}$ dem weißen Kandis]] / *[$_{PP}$ [$_{NP}$ dem weißen Kandis] *mit*]
e. [$_{PP}$ [$_{NP}$ der Mutter] *zuliebe*] / *[$_{PP}$ *zuliebe* [$_{NP}$ der Mutter]]

In den eckigen Klammern in (23a) befindet sich die Phrase *mit dem weißen Kandis*. Das Element *mit* fordert eine Nominalphrase. Wenn diese fehlt, wird die Gesamtkonstruktion ungrammatisch (23b). Ungrammatikalität resultiert auch, wenn die Nominalphrase nicht in der von der Präposition *mit* geforderten Form – nämlich im Dativ – auftritt (23c). Die Präposition *mit* spielt also hinsichtlich der Wahl und der Form des von ihr geforderten Elements eine zentrale Rolle, weswegen die Präposition *mit* den Kopf P° der Phrase bildet. (Man erinnere sich: Elemente, die aufgrund valenzbedingter Anforderungen eines Kopfes erscheinen müssen, werden als Komplemente be-

zeichnet.) Darüber hinaus bestimmt der Kopf P°, an welcher Position das Komplement auftreten muss; Komplemente folgen entweder dem Kopf (23d) oder gehen diesem (23e) voraus. Da *mit* und *zuliebe* der lexikalischen Kategorie Präposition angehören, handelt es sich bei der gesamten Wortgruppe um eine Präpositionalphrase (= PP). Wir fassen die Eigenschaften von Köpfen allgemein nun wie folgt zusammen:
- Köpfe sind **obligatorisch** und jede Phrase hat genau einen Kopf.
- Nur Köpfe sind Valenzträger, bestimmen die Form (Kasus) ihres Komplements und
- Köpfe nehmen immer eine Randposition innerhalb der Phrase ein.

Wie wir aber auch beobachten können, treten neben obligatorischen Bestandteilen des Kopfes auch optionale Elemente auf, in der NP *den weißen Kandis* z.b. das Adjektiv *weißen* (24a). Diese nichtobligatorischen Bestandteile werden als Angaben oder Adjunkte bezeichnet. Ein Kopf muss auch nicht in allen Fällen Komplemente realisieren wie hier in der Adjektivphrase (24b) vs. (24c). Liegt wie bei (24c) bei *interessierte* keine Kokonstituente vor, handelt es sich um eine eingliedrige Phrase.

(24) a. [$_{NP}$ den **weißen** *Kandis*]]
 b. der [$_{AdjP}$ **an Musik** *interessierte*] Schüler
 c. der [$_{AdjP}$ *interessierte*] Schüler

Grundbegriffe: (unmittelbare) Konstituente, Phrase, Kopf, Verschiebeprobe, Pronominalisierung, Tilgungstest, Endozentrizität, Peripherität.

Weiterführende Literatur: Linke et al. (2001), Geilfuß-Wolfgang (2007: § 4.3-4), Musan (2008), Pittner/Berman (2008: § 2.2, 2.3), Wöllstein-Leisten et al. (1997: § 2).

1.6 Zusammenfassung

Wir haben gesehen, dass (i) nicht Wörter sondern Konstituenten – respektive Phrasen – die konstitutiven Bestandteile von Sätzen sind und (ii) das Verb eine zentrale Rolle im Satz einnimmt. Rund um das Verb und den Satz haben wir Konzepte eingeführt und Erkenntnisse zu formalen und kommunikativen Eigenschaften gesammelt, die wir für die syntaktische Analyse des deutschen Satzes benötigen werden:
- Für die Einheit „Satz" ist das Verb konstitutiv.

- Die Stellung des finiten Verbs – respektive des nichtfiniten Prädikatsteils – bildet darüber hinaus eines der zentralen Formmerkmale für den Satztyp sowie seine kommunikative Funktion.
- Sätze können einfach oder komplex sein.
- Die Fügungsart in komplexen Sätzen wird durch die Merkmale ±subkategorisiert und ±selbständig bestimmt.

Betrachten wir uns nun die interne Gliederung von Sätzen, zu deren Analyse wir jetzt das topologische Modell einsetzen.

2. Topologisches Satzmodell – uniformes Grundmodell

In Gebrauchsgrammatiken und Einführungen zum topologischen Satzmodell finden wir verschiedene Bezeichnungen für das, was wir im Folgenden als das **topologische Satzmodell** bezeichnen, so z.B. Stellungsfelder(modell), lineares Modell, Felderstruktur.

Der Satz wird in diesem Satzmodell als in topologische Abschnitte eingeteilt verstanden (§ 2.1), wobei die linearen Stellungseigenschaften der Satzeinheiten aus den Stellungseigenschaften der finiten und infiniten Verbform resultieren (§ 2.2 und § 2.3). Dabei weist sich die linksperiphere Finitumposition (= Position des flektierten Verbs im Hauptsatz) durch Besonderheiten bzgl. ihrer Besetzung aus (§ 2.4). Ebenso sind alle Satztypen, die wir im vorherigen Kapitel besprochen haben, im topologischen Satzmodell abbildbar, wobei nicht jede Position innerhalb des topologischen Modells besetzt werden muss (§ 2.5).

Alle Form- bzw. Satztypen sind – wie wir in § 1.3 gesehen haben – durch Formmerkmale gekennzeichnet, deren prominentestes die Verbstellung ist. Der Verbstellungstyp – V1, V2, VE – spielt für die Selbständigkeit einer Satzstruktur eine wichtige Rolle. Er übernimmt darüber hinaus bzgl. des Satzmodus gewissermaßen eine Kennzeichnungsfunktion und bildet auch schon in einem der älteren Modelle von Drach (1937/1963[4]) einen Grundplan für die Satzstruktur des Deutschen.

Vorfeld	Mitte	Nachfeld

Abbildung 2: Drachs Dreifeldermodell

Die Felder sind wie folgt gefüllt:

- **Vorfeld**: gesamter Abschnitt vor dem finiten Verb
- **Mitte**: Position des finiten Verbs (Satzgeschehen) im Hauptsatz
- **Nachfeld**: gesamter Abschnitt nach dem finiten Verb

Nach Drach (1937/1963[4]) gilt dieser Grundplan ausnahmslos:

Vorfeld	Mitte	Nachfeld
Sie	kann	sich die Hände am Feuer wärmen.
Wärmen	kann	sie sich die Hände am Feuer.
Sich die Hände am Feuer wärmen	kann	sie wohl doch.

Tabelle 5: Analyse nach dem Drei-Felder-Modell

Damit hat Drach zumindest das für das Deutsche (aber auch andere germanische Sprachen wie Niederländisch, Afrikaans etc.) zentrale **V2-Phänomen** beschrieben: In kanonischen Aussagesätzen wird genau eine beliebige Konstituente dem finiten Verb vorangestellt. Was dieses Modell aber nicht erfasst, ist einerseits der Bereich nach dem finiten Verb und andererseits auch nicht die Struktur anderer als V2-Sätze. Deshalb verwerfen wir das Drach'sche Drei-Felder-Modell und wenden uns differenzierteren topologischen Modellen zu.

2.1 Positionen in differenzierteren topologischen Satzmodellen

Wir stellen nun komplexe topologische Modelle für die deutsche Satzstruktur vor. Unseren Schwerpunkt bildet das nicht nach Satztyp differenzierte fünfgliedrige Grundmodell in Abb. 3, das wir als **uniformes Modell** bezeichnen. Das nach Satztyp differenzierte topologische Satzmodell in Abb. 4 bezeichnen wir als **Differenzmodell**, s. Höhle (1986).

In diesem Kapitel – wie in den beiden nächsten – werden wir die Satzstrukturanalysen mit dem uniformen Modell vornehmen. Das hat zweierlei Gründe, die jedoch keine Vorentscheidung über die Adäquatheit des einen oder anderen Modells treffen. Vielmehr ist für eine fortgeschrittene syntaktische Analyse des Deutschen die zusätzliche Beschäftigung mit dem Differenzmodell unumgänglich. Warum wir zunächst das uniforme topologische Satzmodell ausbreiten hat folgende Gründe: 1. Es ist in den meisten Einführungen zu finden. 2. Das uniforme topologische Satzmodell eignet sich gut für die Übertragung in andere syntaktische Strukturmodelle – z.B. in das generative (universale) Strukturmodell. Wir werden aber auch im Laufe der nächsten Abschnitte Pros und Kontras diskutieren und dabei die jeweilige Aussagekraft der topologischen Modelle testen.

Wir werden nun die Grundbausteine vorstellen, aus denen sich die beiden topologischen Satzmodelle aus Abb. 3 und Abb. 4 aufbauen, und betrachten zunächst weder Erweiterungen noch Feingliederungen. Die in großen Teilen sich inhaltlich überschneidenden topologischen Modelle – Differenz- und uniformes Modell – dienen der Analyse kanonischer Haupt- und Nebensätze, sowie komplexer Satzstrukturen. Alles, was wir in den folgenden Abschnitten zu den Inhalten der topologischen Positionen besprechen, wie auch die Beschränkungen in § 3 und die Erweiterungen des topologischen Grundmodells in § 4 gilt in weiten Teilen auch für das Differenzmodell (Abb. 4 A-C) und kann nach seiner Einführung problemlos übertragen und verglichen werden.

Der syntaktische Bereich, den ein topologisches Satzmodell umfasst, ist zunächst der nichtkoordinierte Satz (koordinierte Sätze, s. § 4.4). Das lineare Schema des uniformen Modells erfasst dabei die für das Deutsche typische sogenannte **Verbklammer**. Es lassen sich alle Verbstellungs- bzw. Satztypen mit einem **einheitlichen** Muster abbilden. Das topologische Modell macht darüber hinaus grammatikalitätsrelevante Nachbarschaftsrelationen in Sätzen transparent, indem distinkte Konstituentenabfolgen auf ein konstant bleibendes Muster bezogen werden. Das topologische Satzmodell beinhaltet folgende Positionen und Felder:

- **Vorfeld/K**: Feld vor dem Finitum
- **LSK/FINIT/C**: Position für das Finitum oder die satzeinleitende Konjunktion
- **Mittelfeld/X**: Feld für Konstituenten
- **RSK/VK**: Position für Verben
- **Nachfeld/Y**: Feld für (schwere oder satzartige) Konstituenten

Vorfeld	Linke Satzklammer (= LSK)	Mittelfeld	Rechte Satzklammer (= RSK)	Nachfeld

Abbildung 3: Uniformes fünfgliedriges topologisches Grundmodell

Das lineare Schema des Differenzmodells (Höhle 1986), auf das wir in § 5.1 genauer eingehen, erfasst alle Verbstellungs- bzw. Satztypen, indem es sie auf **unterschiedliche** Muster abbildet. Im Vergleich zu LSK im uniformen Modell unterscheidet das Differenzmodell eine FINIT- vs. C-Position und das K-Feld im Differenzmodell (vergleichbar mit VF im uniformen Modell) existiert nur in V2-Sätzen. Man muss beachten, dass das uniforme Modell nicht den charakteristischen Unterschied zwischen *dass-* (= C-Sätze, s. Abb. 4C) und V1-Sätzen erfassen kann – letztere sind Hauptsatzstrukturen (also finite Sätze = F-Sätze, s. Abb. 4A und 4B). Das Differenzmodell tut genau das (erster Pluspunkt) und weist im Vergleich zum uniformen Modell damit ein höheres deskriptives Potential auf.

K (≈Vorfeld)	FINIT (≈Linke Satzklammer)	X (≈Mittelfeld)	Verbal-komplex (≈Rechte Satzklammer)	Y (≈Nachfeld)

Abbildung 4A: Grundmodell V2-Satztyp (F2-Sätze mit präfiniter Position für eine Konstituente)

FINIT	X	Verbal-komplex	Y

Abbildung 4B: Grundmodell V1-Satztyp (F1-Sätze ohne präfinite Position)

C(omplementizer) (= Konjunktion, ≈Linke Satzklammer)	X	Verbal-komplex	Y

Abbildung 4C: Grundmodell VE-Satztyp (E-Sätze ohne präkonjunktionale Position)

2.2 Prädikatsteile und Satzklammer

Die linke und rechte Klammerposition bilden im topologischen Modell die **Satzklammer**. Worüber definiert sich aber die Satzklammer? Anders gefragt, wie erkennen wir die Satzklammer als solche? Die Satzklammer verdankt ihren besonderen Status gegenüber den Feldern der Tatsache, dass sie die **möglichen Positionen der verbalen Prädikatsteile** darstellt.

Satzklammer		
linke Satzklammer	MF	rechte Satzklammer
Prädikat(steil) finit		Prädikatsteil(e) infinit abtrennbarer Prädikatsteil
Hat	er dich	*erwischt?*
Holt	er dich	*ab?*

Abbildung 5: Mögliche Positionen des Prädikats bzw. der Prädikatsteile

Die verbal besetzte **Satzklammer** spannt als Fixpunkt das gegliederte Gesamtfeld sozusagen auf, wobei das MF an seinen beiden äußeren Rändern jeweils von einer linken (LSK) und einer rechten Satzklammer (RSK) umrahmt wird. (Wir werden uns mit klammerschließenden Ausdrücken in § 3.2 beschäftigen und dabei der Analyse für Prädikatsteile nach Altmann/Hofmann (2008) folgen, die einen strikten Begriff von Verbalklammer für die RSK annehmen.)

	Vorfeld	LSK	Mittelfeld	RSK	Nachfeld
Z1	Jeder	hat	es sich	gewünscht.	
Z2	Jeder	hat	(es) sich	gewünscht,	*dass die Hoffenheimer Herbstmeister werden.*
Z3		Hat	es sich jeder	gewünscht?	
Z4	Wer	hat	es sich	gewünscht?	

Tabelle 6: Analyse für V2- und V1-Satzmuster

Das topologische Felder-/Satzmodell als Bestandteil der Grammatik des Deutschen erfasst somit die zentrale Eigenschaft der Positionierung der Prädikatsteile im Nicht-VE-Satz korrekt. Zusätzlich lassen sich die Nachbarschaftsrelationen zwischen den Satzgliedern und den verbalen Prädikatsteilen besonders leicht erfassen, wenn man sich einen Satz als ein großes linear angeordnetes Feld vorstellt, das aus der fixen Abfolge der in Abb. 3 vorgestellten Positionen besteht. Der Satz wird folglich links und rechts jeweils begrenzt, einmal durch das am weitesten links befindliche Feld – links vor LSK – und zum Zweiten durch das am weitesten rechts befindliche Feld – dem Nachfeld. Halten wir zunächst fest: Links und rechts außerhalb dieser Felder bedeutet außerhalb des Satzes – wir werden in § 4.1 und § 4.5 aber sehen, dass sich links vor VF noch weitere zum Satz zu rechnende Felder befinden – ebenso wie rechts, s. § 4.6.

Im deklarativen Hauptsatz steht das die Kongruenzmerkmale (Person, Numerus) realisierende finite Verb in LSK, das infinite Verb in RSK (Tab. 6, Z1). Was vor LSK steht, befindet sich nach Tab. 6 im VF. Zwischen den beiden Klammern befindet sich das MF – i.d.R. mit den übrigen Satzgliedern bzw. Satzgliedteilen. (Die Einschränkung machen wir deshalb, weil Satzkonstituenten – außer Relativsätzen – bevorzugt nicht im MF auftreten, sondern vorangestellt oder nachgestellt werden. Das hat in vielen Fällen Verarbeitungsgründe und ist nicht grammatisch bedingt, s. Tab.

7.1). Folgt etwas dem/den Prädikatsteil/-en in RSK, so steht es im NF – wie der nachgestellte bzw. ausgeklammerte Nebensatz (Tab. 6, Z2). Im Entscheidungsfragesatz verbleiben alle Satzglieder hinter LSK (Tab. 6, Z3). Im Differenzmodell Abb. 4B ist das VF bei V1-Sätzen nicht vorhanden (was der klassischen Annahme zur Syntax zumindest der Entscheidungsinterrogative entspricht), während es im uniformen Modell nur obligatorisch unbesetzt bleibt. Das kann als ein zweiter Vorteil des Differenzmodells gelten. Im Konstituentenfragesatz wird VF durch einen *w*-haltigen Ausdruck besetzt (Tab. 6, Z4).

2.3 (Satzwertige) Satzglieder und Felderpositionen

Die Vorzüge des fünfgliedrigen Modells gegenüber dem Dreifeldermodell sind leicht zu erkennen: Die Abfolge von Satzgliedern kann differenziert beschrieben werden, insbesondere wenn mehr als ein Verb im Satz auftritt, und Satzglieder können danach unterschieden werden, ob sie zwischen LSK und RSK auftreten – i.d.R. ist das bei Nichtsatzkonstituenten der Fall – oder, ob sie nach RSK auftreten – bevorzugt befinden sich hier Satzkonstituenten.

	Vorfeld	LSK	Mittelfeld	RSK	Nachfeld
S1.1	Jeder	hat	sich	gewünscht	S2 *die Hoffenheimer als Herbstmeister zu feiern.*
S1.2	S2 *Die Hoffenheimer als Herbstmeister zu feiern*	hat	sich jeder	gewünscht.	
S2			die Hoffenheimer als Herbstmeister	zu feiern	

Tabelle 7.1: Bevorzugte Positionen von Sätzen (= S2)

VF ist für Satzkonstituenten wie für Nichtsatzkonstituenten gleichermaßen zugänglich, s. Tab. 7.1, S1.1/S1.2. Somit können auch komplexe Satzstrukturen im topologischen Satzmodell abgebildet werden, wobei sich in den Felderpositionen wiederum ein gesamtes topologisches Schema aufspannt:

Vorfeld	LSK	Mittelfeld	RSK	Nachfeld
VF	LSK	MF	RSK	NF	VF	LSK	MF	RSK	NF
	hat	sich jeder	gewünscht	
Dass	Hoffenheim Herbstmeister	wird							weil das neue Spannung in die Liga bringt.

Tabelle 7.2: Komplexe Satzstrukturen im topologischen Satzmodell

2.4 Einheiten in der Klammerposition

Neben der für das Deutsche typischen Verteilung der Prädikatsteile – nämlich aufgespalten durch mögliche nichtverbale Satzglieder im Hauptsatz (25a) – ist zu beobachten, dass bei der Bildung eines finiten Nebensatzes nicht nur der finite Prädikatsteil in RSK verbleibt, sondern satzinitial eine den finiten Nebensatz einleitende Konjunktion auftreten muss (25b) und (25c).

```
                [Hauptsatz                              ]
                LSK         MF           RSK
(25) a.         Hat         man dich     erwischt?

     [Hauptsatz     [eingebetteter Nebensatz                    ]]
  b. [Ich hoffe nicht,  [dass       man dich   erwischt hat.    ]]
  c. [Ich hoffe nicht,  [(*dass)    man dich   erwischt hat.    ]]
  d. [Ich hoffe nicht,  [*dass hat  man dich   erwischt.        ]]
```

LSK ist somit genau die Position, in der im finiten Satz das flektierte/finite Verb (25a) oder alternativ die nebensatzeinleitende Konjunktion stehen muss (25b, c), aber nicht beides stehen kann (25d).
In LSK können also kategorial zwei ganz unterschiedliche Elemente positioniert werden. Wegen dieser Besonderheit bezeichnen wir LSK im uniformen Modell auch als **Positionskategorie**.
Das Differenzmodell sieht dafür zwei verschiedene Modelle vor, indem es die LSK-Position von V1- und V2-Sätzen vs. VE-Sätzen unterscheidet: das F-Satzmodell (Abb. 4A, B) für die Position des Finitums vs. das E-Satzmodell (Abb. 4C) für die Position satzeinleitender Einheiten. Das uniforme Modell hingegen nimmt Bezug auf die Gemeinsamkeit von finitem Verb und nebensatzeinleitender Konjunktion, die darin besteht, dass sie in der Positionskategorie LSK alternieren und erfasst somit eine sehr wichtige Regularität des Deutschen – nämlich die komplementäre Verteilung von finitem

Verb und nebensatzeinleitender Konjunktion (ein Pluspunkt des uniformen Modells), s. dazu § 3.1.

	Vorfeld	LSK	Mittelfeld	RSK	Nachfeld
S1	Jeder	hat		geglaubt	S2.1 *dass die Hoffenheimer Herbstmeister werden.*
S1	Jeder	hat		geglaubt	S2.2 *die Hoffenheimer werden Herbstmeister.*
S2.1		*dass*	die Hoffenheimer Herbstmeister	werden	
S2.2	die Hoffenheimer	*werden*	Herbstmeister		

Tabelle 8: Komplementäre Verteilung – Finitum und Konjunktion in LSK

2.5 Satztypen im fünfgliedrigen topologischen Modell

Unabhängig von der jeweiligen Komplexität gibt uns das uniforme topologische Satzmodell ein äußerst hilfreiches Raster an die Hand, mit dem wir jetzt Sätze mit unterschiedlichem Verbstellungs- und Satztyp auf ein gleichbleibendes Muster beziehen können. (Das Differenzmodell zeigt ein gleichbleibendes Muster für die Felder und Positionen nach FINIT bzw. C.) Bei den Besetzungen der Felder und Positionen können wir uns bewusst machen, welche linearen Bedingungen für die Grammatikalität des jeweiligen Satzes erfüllt sein müssen und wie sich einzelne Satztypen z.b. in ihrer linken Satzperipherie voneinander unterscheiden. Dafür werden in der Satzanalyse eines jeden Satztyps die einzelnen Positionen und Felder als Grundmuster in einer festen Abfolge angenommen, die wie folgt gefüllt werden: Im deklarativen Hauptsatz muss genau eine (beliebig komplexe) Konstituente K das VF füllen (Tab. 6, Z1/Z2), während in der Entscheidungsfrage eben dieses Vorfeld gänzlich leer zu bleiben hat (Tab. 6, Z3) – wir erinnern erneut daran, dass das Differenzmodell hier deskriptiv restriktiv und adäquater ist, indem es das VF gar nicht erst zur Verfügung stellt. Der finite Nebensatz zeichnet sich dagegen dadurch aus, dass das finite Verb nicht in LSK positioniert werden kann – diese Position wird von der satzeinleitenden Konjunktion belegt. So verbleibt das Finitum bei ggf.

vorhandenen infiniten Prädikatsteilen in RSK; auch hier darf im Standarddeutschen vor der Konjunktion kein Satzglied stehen (Tab. 8, S2.1).

Natürlich ist der Vergleich von Verbstellungstypen und Satztypen und die entsprechenden Beobachtungen auch ohne das topologische Satzmodell bzw. mit einem anderen Satzmodell möglich. Der Vorzug des topologischen Grundmodells besteht jedoch darin, dass es unsere Aufmerksamkeit direkt auf die syntaktische Struktur der Sätze lenkt, indem es zentrale Aspekte in der Satzstruktur visualisiert. Das Herunterbrechen des Satzes in Positionen und Felder zwingt uns, den Satz als eine in sich gegliederte Einheit wahrzunehmen; ebenso wird der Blick für strukturelle Unterschiede und Gemeinsamkeiten zwischen verschiedenen Verbstellungs- und Satztypen geschärft. Vergleichen wir also unterschiedliche Satzmuster mithilfe des topologischen Satzmodells, so können wir relativ leicht diverse für die deutsche Satzstellung konstitutive **deskriptive Generalisierungen** explizit erfassen. Die obigen Beispiele sollten dies im Ansatz bereits angedeutet haben. Betrachten wir uns die lexikalische (Minimal)Besetzung bei verschiedenen Satztypen. Beginnen wir mit V1-Sätzen:

Verbstellung Satztyp		VF	LSK	MF	RSK
V1	Entscheidungs- interrogativ	UNBESETZT	**Tanzt**	er?	
			Wärmst	du dir denn nicht die Hände am Feuer	auf?
			Hast	du dir denn nicht die Hände am Feuer	aufgewärmt?
			Kannst	du dir nicht die Hände am Feuer	aufwärmen?
	Impe- rativ		**Komm**		(her)!
			Wärm	dir doch die Hände am Feuer	auf!
	Opta- tiv		**Tanzte**	er *doch/nur*.	
			Wärmtest	du dir doch/nur die Hände am Feuer	auf.

Tabelle 9: V1-Sätze im topologischen Grundmodell

In Entscheidungsinterrogativ- und Optativsätzen muss LSK durch das Finitum besetzt sein, darüber hinaus wird MF i.d.R. von mindestens einer Konstituente (= K) – dem Nominativsubjekt – besetzt. Im Optativsatz tritt noch eine Modalpartikel auf. Beim Imperativ ist nur die Besetzung von LSK obligatorisch; alle weiteren Felder und

RSK sind dagegen je nach Verb (bzw. den Ergänzungen/Angaben) fakultativ besetzbar.
Bei V2-Sätzen ist die Besetzung von LSK und VF obligatorisch, s. Tab. 10 – das gilt für Deklarativ- wie für Ergänzungsinterrogativsätze. Handelt es sich bei der VF-Konstituente nicht um das Subjekt, tritt dieses im MF auf.

Verbstellung Satzmodus		VF	LSK	MF	RSK
V2	Deklarativsatz	Du	wärmst	dir doch auch die Hände am Feuer	auf.
		Die Hände	haben	wir uns am Feuer	aufgewärmt.
		Am Feuer	kannst	du dir die Hände	aufwärmen.
	Ergänzungs- inter-rogativ- satz	Wer	hat	sich die Hände am Feuer	aufgewärmt?
		Woran	kann	ich mir die Hände	aufwärmen?

Tabelle 10: V2-Sätze im topologischen Grundmodell

Kommen wir zu VE-Sätzen: Bei finiten Komplement- und Adverbialsätzen mit VE-Muster ist LSK mit einer satzeinleitenden Konjunktion besetzt und RSK mit dem finiten Verb, s. Tab. 11, Abs. 1. Meist tritt auch hier in MF eine Konstituente auf. Ebenso wie in den Hauptsätzen handelt es sich bei der obligatorischen Konstituente um das Subjekt. Bei infiniten Komplementsätzen darf LSK nicht mit einer satzeinleitenden Konjunktion wie *dass/ob* besetzt werden (Tab. 11, Abs. 4). Infinite Adverbialsätze weisen dagegen obligatorisch einen Satzeinleiter (= Konnektor) wie *um/ohne/anstatt* in LSK auf. Die RSK ist mit mindestens einem infiniten Verb besetzt. In interrogativen Nebensätzen (= indirekten Fragesätzen) und Relativsätzen (Tab. 11, Abs. 2/3) bleibt LSK leer und die verbalen Elemente befinden sich alle in RSK. Die Begründung dafür liefern wir später nach, denn aus dem bisher Gesagten ist das natürlich keineswegs einsichtig. Wir deuten aber schon mal unsere Analyse an: Die initialen Interrrogativ- und Relativpronomen besetzen VF, weil sie phrasale Elemente sind. Dies wird eingehend in § 3.1 erläutert. Im Differenzmodell, s. dazu auch § 5.1 bei Altmann/Hofmann (2008: 72) wie auch in vielen Einführungen wird diesbezüglich eine andere Position vertreten: Interrogativ- und Relativpronomen werden entweder als klammeröffnende Ausdrücke (in LSK bzw. C) verortet oder sogar dem MF zugeschlagen, was wir für falsch halten, s. dazu ausführlich § 3.1.

Verbstellung		VF	LSK	MF	RSK
VE	konjunktional eingeleiteter Nebensatz	UNBESETZT	dass	du dir nicht die Hände am Feuer	wärmst
			ob	du dir denn nicht die Hände am Feuer	gewärmt hast
			weil	du dir nicht die Hände am Feuer	wärmen kannst
			um/ohne/ anstatt	dir die Hände am Feuer	zu wärmen
	interrogativer Nebensatz		woran	du dir die Hände	wärmst
			wer	sich die Hände	wärmt
			wem	du die Hände	wärmst
	Relativsatz	UNBESETZT	der	sich die Hände am Feuer	wärmt
			wer	sich die Hände	wärmt
	infiniter Komplementsatz	UNBESETZT		sich die Hände am Feuer	zu wärmen

Tabelle 11: VE-Sätze im topologischen Grundmodell

2.6 Zusammenfassung

In den Tabellen 9-11 haben wir Beispiele für die Füllung der Felder unter den Kriterien Verbstellung und Satzmodus gesehen. Tab. 12 gibt die Zusammenfassung zur Minimalbesetzung der Positionen je nach Satztyp, wobei ∅ für obligatorisch unbesetzt/leer steht, K für Konstituente und K* für beliebig viele Konstituenten (die in Klammern eingeschlossenen Einheiten bedeuten, dass die Felder fakultativ besetzbar sind). Dabei wird deutlich sichtbar, dass dem deutschen Satz – ob Haupt- oder Nebensatzmuster – eine Struktur zugrundeliegt, die durch das uniforme Grundmuster des linearen topologischen Satzmodells darstellbar ist. Damit erhält man die Möglichkeit – wie bei einem Baukastensystem – alle Satztypen des Deutschen zu analysieren und zu vergleichen. Noch ein Nachtrag zum Subjekt: Im Deutschen kann das Nominativsubjekt nur unter bestimmten Bedingungen nicht im Satz erscheinen: das gilt für agenslose Sätze (*mich friert, mir graut*), Imperative (*Reich mir bitte die Butter rüber*), Infinitive (*den Rasen zu mähen*), Freie Infinitive (*Aufgepasst*), Passivsätze (*Ihm wird geholfen./Wird gearbeitet*?). Liegt ein solcher Fall nicht vor, muss im V1-Satz das Nominativsubjekt als obligatorische Konstituente im MF auftreten.

		VF	LSK	MF	RSK	NF
V1		⌀	**V-finit**	K*	(Verbpartikel, V-infinit,...)	(K)
V2		K	**V-finit**	(K*)	(V-infinit,...)	(K)
VE finit		⌀	**Satzeinleiter**	K*	(V-infinit,...) **V-finit**	(K)
VE infinit		⌀	„Satzeinleiter"	(K*)	**V-infinit** (V-infinit,...)	(K)
VE finit uneingeleitet		*w-/d-* K	⌀	(K*)	(V-infinit,...) **V-finit**	(K)

Tabelle 12: Lexikalische Minimalbesetzung und allgemeine Beschränkungen

Erläuterungen und Begründungen für diverse Beschränkungen bei der Besetzung einzelner Positionen werden Thema im folgenden Kapitel sein.

Grundbegriffe: Grundmodell, Differenzmodell, Verbklammer, Vorfeld, Mittelfeld, Nachfeld, Linke Satzklammer, Rechte Satzklammer, Positionskategorie.

Einführende Literatur: DUDEN (2009: § 1396-1406), Geilfuß-Wolfgang (2007), Grewendorf/Hamm/Sternefeld (1999), Pittner/Berman (2008), Wöllstein-Leisten (1997).

Weiterführende Literatur: Haftka (1993, 1996), Hoberg (1981), Höhle (1986), Altmann (1993), Reis (1980).

Aufgabe: Analysieren Sie die folgenden einfachen und komplexen Sätze nach dem uniformen Modell und bestimmen sie den Verbmodus des finiten Prädikats(teils) im Hauptsatz.
   a. Nur die Starken kommen in den Garten.
   b. Ohne dich ist alles doof.
   c. Auf wen müssen wir noch warten?
   d. Warte auf mich!
   e. Wartet auf mich eine Überraschung?
   f. Meinen Hund kann jeder streicheln, weil der nichts tut.

g. Ohne dass das Wetter gut zu werden verspricht, mache ich keine Termine mehr im Freibad aus.
h. Um festzustellen, ob ein Hund gut erzogen ist, muss man das Herrchen betrachten.
i. Hans glaubt, dass ihn nichts erschüttern kann.
j. Ihn kann nichts erschüttern, sagt Hans.

3. Topologisches Satzmodell – Beschränkungen

Wir erläutern in diesem Kapitel die Füllung und Beschränkung für die Klammerpositionen (§ 3.1-3.2) und die Felder (§ 3.3-3.5) und gehen auf den Beitrag zur (kommunikativen) Funktion ein, der mit der (Nicht-)Besetzung einzelner Abschnitte verbunden ist. Wir erläutern weiter grob die Annahmen, die mit einem über die Satztypen hinweg einheitlichen d.h. uniformen Grundmodell verbunden sind und diskutieren auch dort die Kontroversen eines solchen Modells.

3.1 Linke Satzklammer als Position für Köpfe

In LSK steht entweder das finite Verb bzw. die nebensatzeinleitende Konjunktion (= Subjunktion) oder sie bleibt unbesetzt. Ein leeres VF zusammen mit einer durch das finite Verb besetzten LSK legt mit entsprechendem Verbmodus und Intonation die Wahl der für V1-Strukturen möglichen Satzmodi fest.

VF	LSK	MF	RSK	NF
	finites Verb (ohne trennbare Partikel)			
	Satzeinleiter für finite Sätze a) Subjunktionen *dass, ob* b) Adverbialsatzeinleiter *weil, damit,...*			
	Satzeinleiter für infinite Sätze *um, ohne, anstatt*			
	unbesetzt bei eingebetteten Ergänzungsinterrogativsätzen (= indirekte Fragesätze), Relativsätzen und infiniten Komplementsätzen			

Tabelle 13: Füllung von LSK im uniformen topologischen Grundmodell

In Tab. 13 ist klar zu erkennen, welche Voraussetzungen wir hier bzgl. der Besetzung von LSK in einem uniformen Modell machen:
- LSK ist konstitutiver Bestandteil des uniformen Satzmodells.
- LSK ist eine Positionskategorie für lexikalisch ganz unterschiedliche Einheiten – über Satz- und Verbstellungstypen hinweg (= **Uniformitätshypothese**). LSK kann leer bleiben.
- LSK beherbergt nur funktionale (*dass*/*ob*) bzw. funktional markierte Köpfe (*lieb-te*) – Ausdrücke, die primär grammatische statt lexikalische Bedeutung tragen (= funktionale Kategorien).
- Das Finitum besetzt als funktional markierter Kopf (und nichtphrasales Element) im Hauptsatz LSK und ist komplementär distribuiert mit dem nichtphrasalen Satzeinleitungselement (= Subjunktion) im Nebensatz, das als funktionaler Kopf auch LSK besetzt. Dazu zählen die Komplementsatzeinleiter *dass*, *ob* und die Satzeinleiter von Adverbialsätzen, wie *weil, wenn, obwohl, während* etc.
- LSK beherbergt keine phrasalen Elemente. Deshalb müssen satzeinleitende und satzinitiale Elemente dahingehend unterschieden werden, ob sie phrasal oder nichtphrasal sind. Phrasale Elemente sind prinzipiell erweiterbar (s.u. (27)), nichtphrasale sind es nicht. Zu den phrasalen satzinitialen Elementen zählen Interrogativpronomen und –phrasen jeweils z.B. „mit wem", die indirekte Fragesätze einleiten, *d*-Relativpronomen, die Attributsätze einleiten oder *w*-Relativpronomen, die freie Relativsätze einleiten. Weil diese weder funktionale Kategorien noch Köpfe sind, analysieren wir sie nicht in LSK, sondern in der satzinitialen Position als VF-Elemente (s. auch § 2.3 und § 5.1).

Trotz der wichtigen Gemeinsamkeiten (Kopfeigenschaft und funktional markiert) zwischen Finitum und satzeinleitender Konjunktion, muss begründet werden, durch welche sprachlichen Einheiten die linke Satzperipherie im Haupt- und im Nebensatz besetzt werden kann und welche Positionen unter welchen Bedingungen unbesetzt bleiben dürfen bzw. müssen. Nichtuniforme lineare Satzmodelle weisen sich ja dadurch aus, dass der linken Peripherie von finiten Hauptsätzen und (in)finiten Nebensätzen eine jeweils unterschiedliche Füllung und Existenz der Positionen – abhängig vom Satztyp – zugedacht wird, d.h. auch, dass im uniformen Grundmodell in LSK kategorial ganz unterschiedliche Einheiten platziert sind. Darüber hinaus wird VF immer als vorhanden angenommen, auch dann, wenn es gar nicht besetzt werden darf, wie im konjunktional eingeleiteten Nebensatz (vgl. insbesondere Tab. 12 im letzten Kapitel). Somit sind VF und LSK zwar konstitutive Bestandteile des Modells, aber nicht obligatorisch zu besetzen. Für die theoretischen Annahmen über die linke Peripherie macht das uniforme Modell aber keine Aussagen. Genau hierin unterscheiden sich uniformes Modell und Differenzmodell (Abb. 4A-C), s. § 5.1. Die VF-Position, die bei V1- und VE-Sätzen nicht besetzt wird, wird im Differenzmodell gar nicht erst angenommen – vor FINIT bzw. C gibt es kein Feld.

Eine zweite Annahme, die im uniformen Modell getroffen wird, besagt, dass a) unter bestimmten Umständen LSK unbesetzt ist, und dass es b) eine gemeinsame Position für Finitum und Satzeinleitungselemente gibt. Das ist aber längst nicht allgemein akzeptiert. So werden Relativ- und Fragepronomina als satzinitiale Einheiten von Nebensätzen in vielen Einführungen zur Topologie des Deutschen wie subordinierende Konjunktionen behandelt, als Köpfe aufgefasst und entsprechend in LSK eingeordnet – oder im Differenzmodell in einer einleitenden C-Position, die zwar kategorial unterschieden wird von den in LSK platzierten verbalen Elementen, die aber eben auch nicht zwischen phrasalen Einheiten und Köpfen als Einleitungselementen unterscheidet.

Das Hauptargument dafür, alle satzeinleitenden Elemente in einer Position LSK oder C-Position zu analysieren, besteht in der augenscheinlichen Generalisierbarkeit der komplementären Distribution satzinitialer Elemente allgemein und dem Finitum: Besetzt z.B. ein Satzeinleitungselement LSK, so muss das Finitum satzfinal in RSK auftreten; tritt kein Satzeinleitungselement auf, besetzt das Finitum LSK. Der Konflikt besteht nun darin: a) entweder die Verbbewegungsregel zu stärken, die eine immer besetzte LSK im finiten Satz vorsieht, und dann für die Aufrechterhaltung dieser Generalisierung gezwungen ist, Elemente in LSK zu platzieren, für die umstritten ist, ob sie auch dorthin gehören, oder b) die oben beschriebene Kopfbeschränkung für primär zu erachten (d.h. nur funktionale bzw. funktional markierte Köpfe besetzen LSK).

Beleuchten wir also näher, mit welcher Begründung Relativ-/ oder Interrogativpronomen und satzeinleitende Konjunktionen – alles satzinitiale Einheiten – als Elemente einer gemeinsamen Klasse betrachtet werden und in einer Position platziert werden, die von der Position des Finitums im Hauptsatz unterschieden wird:

- Haupt- und Nebensätze haben generell keine uniforme Struktur (= **Differenzhypothese**); in Nebensätzen ist VF nicht etwa leer, sondern es gibt gar kein VF.
- Auch im Hauptsatz gibt es keine unbesetzte Einleitungsposition, vgl. F1-Sätze, die kein VF aufweisen.
- Satzeinleitungselemente wie Subjunktionen, Relativ- und *w*-Interrogativpronomen sind – betrachtet man die lineare Abfolge – Einleitungselemente, die satzinitial verwandte Positionen besetzen (vgl. Höhle 1986: 330).
- Verben sind zwar Köpfe wie Subjunktionen, gehören aber einem anderen Satzklammertyp an (Reis 1980: 64).

Soweit die Differenzhypothese, gegen deren Analyse der satzinitialen Ausdrücke (Relativ-/Interrogativpronomen) wir uns hier entscheiden. Wir legen für das uniforme topologische Modell folgendes fest: In indirekten Fragesätzen und Relativsätzen ist VF durch Interrogativ- bzw. Relativpronomen bzw. -phrasen gefüllt. Folgende Beobachtungen unterstützen das: Nicht-Standard-Muster (z.b. süddeutsche Dialekte) können VF und LSK in VE-Strukturen besetzen.

(26) a. Kommt darauf an, **mit wem dass** sie zu tun haben. (DUDEN 2009: § 1347)
     b. [VF von wem] [LSK dass] ...

Festhalten möchten wir damit, dass eine wichtige Voraussetzung für das uniforme Grundmodell darin besteht, dass in LSK nie phrasale Einheiten sondern nur Köpfe auftreten. Wie kann man aber Phrasen von Köpfen/Nichtphrasen unterscheiden: Phrasen sind potentiell erweiterbar, s. (27a-d) für den relativen Anschluss und (27e-f) für den Anschluss mit einem indirekten Fragesatz. Köpfe sind dagegen nie erweiterbar, s. auch § 1.5.4.

(27) a. Der Linguist, [der] da drüben steht, ist sehr berühmt.
     b. Der Linguist, [dessen Buch] da drüben steht, ist sehr berühmt.
     c. Der Linguist, [dessen viele Bücher] da stehen, ist sehr berühmt.
     d. Der Linguist, [an den] du da schreiben willst, ist sehr berühmt.
     e. Ich frage mich, [was] dich da stört.
     f. Ich frage mich, [an was] du dich da störst.

Kommen wir zu einem letzten Punkt in unserer Diskussion, der zwar nicht klar gegen die Besetzung von LSK durch *w*-Phrasen und *w*-/*d*-Pronomen/-Phrasen spricht, aber im Sinne unserer Annahmen hier unterstützende Funktion hat. LSK weist als eine Position am linken Satzrand die Besonderheit auf, dass hier die Existenz des durch den mit dem Satz denotierten Sachverhalts hervorgehoben werden kann (s. Höhle 1988; hier ist von Wahrheit und nicht von Existenz die Rede). Dies wurde von Höhle als **Verum-Fokus** bezeichnet. Um Verum-Fokus zu erzielen, wird ein Ausdruck in der Kopfposition LSK (bei Höhle C/FINIT) betont: im Nebensatz der Satzeinleiter (28a), im Hauptsatz das finite Verb (28b).

(28) a. A: Ich weiß nicht, wann sie kommt.
B: Es ist wichtig, OB sie kommt, nicht, WANN sie kommt?
b. A: Ich glaube nicht, dass die Post heute schon da war.
B: Doch, die Post WAR heute schon da war, das kann ich bestätigen.

Es ist aber ebenso beobachtet worden, dass auch durch Betonung des satzinitialen Ausdrucks in Relativ- als auch in indirekten Fragesätzen ein ähnlicher Effekt der Existenzhervorhebung erzielt werden kann, s. Brandt et al. (= BRRZ) (1992: 46), obwohl nach BRRZ im Standarddeutschen die Kopfposition (= LSK) in den Konstruktionen (28)' phonetisch leer bleibt (aber trotzdem nach wie vor mit funktionalen Eigenschaften versehen ist). BRRZ geben die folgenden Beispiele:

(28)' a. (Ich kenne wenige Leute, die das Kapitel gelesen haben)
Aber jeder, DER es gelesen hat, ist davon tief beeindruckt.
b. (Du hast mir gesagt, wen du nicht reingelegt hast.)
Jetzt möchte ich aber wissen, WEN du reingelegt hast.

In der BRRZ-Theorie ist nicht die lexikalische Füllung von LSK für diesen Effekt verantwortlich (u.a. da durchaus auch die Akzentuierung von Phrasen im Satzinnern nach LSK zu diesem Effekt führt), wohl aber die funktionalen Eigenschaften, die mit der Positionskategorie LSK verknüpft sind. In Fällen einer phonetisch leeren LSK kann die Akzentuierung von Relativ- und Interrogativpronomen in VF die Aufgabe der Hervorhebung übernehmen. Die zentrale Rolle von LSK würde dann nach BRRZ auch erklären, warum in Dialektdaten (28)'' – mit phonetisch gefüllter LSK der Akzent auf dem LSK-Ausdruck liegt und in Ergänzungsinterrogativsätzen im Standarddeutschen nicht auf einem VF-Ausdruck (28c)'', genau aus dem Grund, weil LSK gefüllt ist (28b)''. (Auch die Akzentuierung des Vollverbs in RSK ist möglich, vielleicht sogar eher normal: *Wen hast du beSUCHT?*)

(28)'' a. ..., wen DASS du reingelegt hast.
(Höhle 1992, zitiert nach BRRZ 1992: 46)
b. *WEN hast du besucht?
c. Wen HAST du besucht? (Brandt et al. 1992: 46, Bsp. 170 und 171)

Grundbegriffe: Uniformitäts-/Differenzhypothese, phrasale und nichtphrasale Einleitungselemente, Verum-Fokus.

Weiterführende Literatur: Brandt et al. (1992: 44-46), Höhle (1986, 1988), Pafel (2009), Reis (1980).

3.2 Rechte Satzklammer und freie Infinitive

In RSK befinden sich nur Verben und/oder Verbzusätze (= vom Verb abtrennbare Elemente/Partikeln (29a)). RSK bildet somit den systematisch für Verben vorgesehenen Bereich (Höhle 1986: 333). In Nicht-VE-Sätzen befinden sich ggf. nichtfinite Prädikatsteile, also infinite Verben – wir können auch sagen, die nichtfiniten Teile des Verbalkomplexes. Bei finiten VE-Sätzen befindet sich der finite Prädikatsteil und ggf. nichtfinite verbale Prädikatsteile in RSK. Bei (freien) Infinitivsätzen – die immer VE-Sätze sind – befindet sich mindestens ein nichtfinites Prädikat oder weitere Prädikatsteile in RSK. Zu Einzelheiten der Strukturierung innerhalb von RSK, s. § 4.3.

(29) a. Ich reise morgen [$_{RSK}$ ab].
b. Die Blume ist [$_{MF}$ **schön**].
c. Hans ist [$_{MF}$ nicht **dort**].
d. Die Gruppe befindet [$_{MF}$ sich **in der unzugänglichen Schlucht**].
e. Sie halten [$_{MF}$ ihn **für einen Siegertypen**].
f. Die Blume ist [$_{RSK}$ erblüht].
g. Der Schnee ist [$_{MF}$ **weggeräumt**].

In RSK befinden sich dagegen keine nichtverbalen Ausdrücke, die nicht auch in VE-Stellung unabgetrennt vom Verb auftreten. Hierin folgen wir Höhle (1986: 334) und Altmann/Hofmann (2008: 72-75). Keine Verbzusätze – und damit in MF zu analysieren – sind alle nichtverbalen Ausdrücke (fett markiert), auch wenn sie zusammen mit dem Verb in der Prädikativkonstruktion das Prädikat bilden (29b, g), eine obligatorische Lokalangabe (29d) sind oder es sich um idiomatische Ausdrücke (29e) handelt. Problematisch in diesem Zusammenhang ist die Unterscheidung zwischen dem Zustandspassiv (eine Prädikativkonstruktion) und dem Perfekt ergativer Verben. Nur das Perfektpartizip steht in RSK (29f) nicht das Komplement der Kopula (29g) beim Zustandspassiv. In (29f) handelt es sich bei *sein* um das Auxiliar, bei (29b, c, g) um die Kopula, bei *befinden* i.S.v. *sein* in (29d) handelt es sich um ein Vollverb.

In § 1.1.2 haben die Satzdefinitionen von Bußmann (2008) und Zifonun et al. (1997) einen klaren Standpunkt bezogen: konstitutiver Bestandteil für die Satzdefinition bildet das Vorhandensein eines finiten Verbs. Diese Position wird insbesondere herangezogen, um infiniten *zu*-losen Strukturen wie AcIs (= accusativus cum infinitivo: *Sie hört* [$_{AcI}$ *ihn kommen*].) und *zu*-haltigen nicht erweiterten und nicht nachgestellten Infinitiven den Satzstatus zu verweigern. AcIs und *zu*-Infinitive sind darüber hinaus Strukturen, die nicht frei vorkommen können – nicht dagegen freie Infinitive (30) (= FI). Als FI treten der reine Infinitiv und das Perfektpartizip auf:

(30) a. Alle **aufstehen**! / Alle **aufgestanden**!
     b. Einmal noch Rom **sehen**.
     c. Warum denn gleich **aufgeben**?

Mit den folgenden Argumenten wollen wir begründen, warum wir FIs als selbständige Sätze einordnen und im topologischen Modell analysieren können (30)':

- FIs haben ein illokutives Potenzial und weisen Satzmodus auf; wenn auch eingeschränkt, so kann man mit ihnen auffordern (30a), (30a)', einen Wunsch ausdrücken (30b) und Fragen stellen (30c), (30b, d)''.
- FIs können mit einem finiten Satz koordiniert werden. Dies ist insofern ein guter Test für Satzwertigkeit infiniter Strukturen, als i.d.R. nur Gleiches miteinander koordiniert werden kann (30d)' – in unserem Fall Sätze.
- FIs lassen ein Pseudosubjekt (fett gedruckt) zu, das mögliche Adressaten erfasst bzw. eingrenzt, an die sich eine Aufforderung richtet wie in (30e, f)'.

(30)' a. Zuhören! Zugehört!
     b. Weggehen?
     c. Warum sich lange ärgern?
     d. Aufstehen und du bekommst einen Kaffee!
     e. **Radfahrer** aufpassen!
     f. **Frauen, Kinder** und **alte Menschen** zuerst das Schiff verlassen!

	VF	LSK	MF	RSK
(30)'' a.	∅	∅		*Zuhören/Zugehört!*
b.	∅	∅		*Weggehen?*
c.	∅	∅	Radfahrer	*aufpassen!*
d.	Warum	∅	sich lange	*ärgern?*

VF	LSK	MF	RSK		NF
			im Hauptsatz ggf. weitere infinite Verben, trennbare Verbzusätze		
			im finiten Nebensatz das finite Verb und ggf. weitere infinite Verben		
			im infiniten Satz mindestens ein infinites Verb		

Tabelle 14: Füllung von RSK im topologischen Grundmodell

Man beachte, dass die topologische Einordnung von FIs keine Besetzung der linken Peripherie bei Nicht-Fragen wie (30a-c)'' aufweist.

Grundbegriffe: Verbzusatz, Prädikativkonstruktion, freier Infinitiv.
Weiterführende Literatur: Fries (1983), Reis (2003), Rapp/Wöllstein (2009).

3.3 Vorfeld und Satzmodusfunktion

Die VF-Besetzung ist prototypisch beim Ergänzungsinterrogativsatz und beim Deklarativsatz, s. § 1.3. Entscheidungsinterrogativsätze und (i.d.R.) Imperativsätze haben kein VF (Imperative treten aber mit vorangestellten Konstituenten auf, s. die völlig unproblematischen Beispiele: (*Jetzt*) *komm doch endlich*!/*Auf die Straße geh' bloß nicht in diesem Kleid*!

Ein entsprechend gefülltes VF zusammen mit einer durch das finite Verb besetzten LSK trifft somit die Auswahl der für V2-Strukturen möglichen Satzmodi. Beispiele für die Füllung von VF sind folgende: Im VF kann mit *es* oder auch *so* und *da* eine thematisch unmarkierte und ggf. unbetonbare Konstituente (31a) stehen. Satzinitial können auch Fokuspartikeln gemeinsam mit einem fokussierten Ausdruck auftreten (31b). Thematisch markierte Elemente können auch intonatorisch hervorgehoben werden – ggf. auch unter Anwesenheit von Negationsausdrücken in MF (31c). Obwohl das Subjekt bevorzugt in VF auftritt, ist ja VF keineswegs auf Subjekte beschränkt (31c) – gleiches gilt auch für Sätze (31d). Ebenfalls sind auch Prädikative (31e), Adverbiale (31f) und Teile des Prädikats gemeinsam mit anderen Satzgliedern (31g-i) in VF platzierbar. (31g-i) weisen außerdem auf das Problem hin, dass Vorfeldfähigkeit kein 100%-iger Satzgliedtest ist, da sich in VF von (31g-i) nicht ausschließlich EIN Satzglied befindet.

(31) a. **Es/Da/So** ritten drei Reiter zum Tor hinaus.
  b. **Nur** meckern kannst du schon, stimmt's?
  c. **Den KARL** liebt die Maria aber NICHT.
  d. **Dass ich dich so traurig sehe**, kann ich gar nicht glauben.
  e. **Groß** ist Karl nicht.
  f. **Obwohl es regnet,/Heute** gehen wir raus.
  g. **[Glauben]** würde ich ihm die sonderbare Geschichte nie.
  h. **[Die sonderbare Geschichte glauben]** würde ich ihm nie.
  i. **[Ihm die sonderbare Geschichte glauben]** würde ich nie.

Für einige Ausdrücke ist VF aber nicht zugänglich, wie u.a. Modalpartikeln (32a), ethischer Dativ (32b), Satznegation (32c), obligatorisches Reflexivpronomen (32d).

(32) a. Ich komme ja gleich. / ***Ja** komme ich gleich.
  b. Komm mir nur nicht so spät. / ***Mir** komm mir nur nicht so spät.
  c. Sie liebt das nicht. / * **Nicht** liebt sie das.
  d. Die Verluste steigern sich. / ***Sich** steigern die Verluste.

Eigentlich obligatorische Konstituenten, die VF besetzen können wie Subjekte oder Objekte, sind im Satz aber auch weglassbar bzw. lassen sich rekonstruieren. Ist das der Fall, so kann man sie durch das Einsetzen von *es/das* im VF ‚wiederherstellen'. Solche Konstruktionen mit weggelassenen Ausdrücken in VF-Position bezeichnet man als **Vorfeldellipsen**. Wir können VF-Ellipsen daran erkennen, dass der Satz trotz satzinitialer Stellung des Finitums keinen Interrogativsatzmodus trägt und deshalb nicht VF-los sein kann:

Subjektellipse
(33) a. [$_{VF}$ ∅ / **Es/Das**] War schön bei dir.
  b. [$_{VF}$ ∅ / **Es/Das**] Hätte dir auch gefallen.

Objektellipse
  c. [$_{VF}$ ∅ / **Das**] Glaub' ich dir nicht.
  d. [$_{VF}$ ∅ / **Das**] Kauf' ich dir auch.

Doch nicht alle Sätze, die keine VF-Besetzung aufweisen und deklarativen Satzmodus aufweisen, sind im obigen Sinne VF-Ellipsen – insbesondere dann nicht, wenn keine rekonstruierbaren Konstituenten wieder eingesetzt werden können. Bei diesen VF-losen deklarativen V1-Sätzen handelt es sich zwar um eher eingeschränkte Kontexte, die aber sehr produktiv sind, wie den narrativen V1-Satz (34) und den nachgestellten inhaltlich-begründenden V1-Satz (35).

(34) a. Kommt ein Pferd durch die Tür …
  b. Schlägt ein Kerl auf die Pauke …

(35) Sein Tod bewegt viele, hatte doch seine Ära den Wiederaufstieg begründet. / [Sein Tod bewegt viele.] Hatte doch seine Ära den Wiederaustieg begründet.
(Beispiel (35) nach Önnerfors 1997)

VF	LSK	MF	RSK	NF
Hier steht fakultativ nur eine Konstituente, die beliebig komplex sein kann.				
VF ist für thematisch (un)markierte (intonatorisch hervorgehobene) Elemente/Satzglieder prinzipiell zugänglich.				
Unter bestimmten Bedingungen ist VF unbesetzt bzw. unbesetzbar (Verbstellung, Finitheit).				

Tabelle 15: Füllung des Vorfelds im topologischen Grundmodell

Im Zusammenhang mit der Besetzung von VF ist auch die s.g. Mehrfachbesetzung *Den Kerl, den hab ich ja noch nie hier gesehen* relevant. Wir behandeln dieses Thema im Zusammenhang mit den Erweiterungen zum Grundmodell (§ 4.1).

Grundbegriffe: Vorfeldellipse, deklarativer V1-Satz.
Weiterführende Literatur: Önnerfors (1997), Reis (2000).

3.4 Mittelfeld und die Abfolge seiner Inhalte

Die inhaltliche Füllung von MF ist vergleichsweise wenig eingeschränkt und das betrifft sowohl die Anzahl als auch die Abfolge der Konstituenten. Die Art der Erfassung von Abfolgepräferenzen in MF variiert mit dem Typ der Grammatik: In eher präskriptiven Grammatiken und Grammatiken für Fremdsprachenlerner finden sich oft Listen von Abfolgebeschränkungen oder konstruktionsspezifische Aussagen (Engel 1972). Ansätze wie die von Lenerz (1977) und Höhle (1982) streben an, verallgemeinerbare Regeln zu formulieren. Wettbewerbsmodelle (Jacobs 1988, Primus 1996) nehmen keine Grundabfolge an, sondern alle Realisierungen (basierend auf universalen hierarchisch geordneten Beschränkungen, die eine Sprache im Einzelfall nicht alle erfüllen muss) treten in einen Wettbewerb: Optimale Realisierung determiniert die Einzelgrammatik.

- unbetontes Pronomen – volle NP
- Agens – Rezipient – Patiens / Nominativ – Dativ – Akkusativ
- belebt – unbelebt
- definit – indefinit
- Thema – Rhema
- kurz – lang

VF	LSK	MF	RSK	NF
		Es treten beliebig viele Konstituenten auf (auch Null).		
		Die Stellung der Konstituenten ist relativ frei. Nominale Konstituenten präferieren NOM – DAT – AKK, pronominale NOM – AKK – DAT. Adverbiale weisen auch Abfolgepräferenzen auf.		
		In MF präferiert sind eher nicht-komplexe Konstituenten, auch Sätze meiden MF.		

Tabelle 16: Füllung des Mittelfelds im topologischen Grundmodell

Wir werden in § 3.4.1-3.4.2 aus der Sicht regelbasierter Ansätze die Mittelfeldabfolgen und -präferenzen bzgl. zweier Kriterien genauer betrachten – zunächst aber stehen Subjekte und Pronomen im Mittelpunkt. Die ausführlich thematisierten Kriterien gelten der Informationsstruktur und Definitheit. Beide zeigen klar, dass MF-interne Abfolgen Bezug zum Diskurs aufweisen im Gegensatz zu Belebtheit oder Verarbeitbarkeit – exemplarisch behandelt in § 3.4.3.
  Eine Konstituentenabfolge in MF wie in (36) erlaubt 4!-Möglichkeiten der Variation (= 4-Fakultät = 4x3x2x1) – also 24 Abfolgevarianten (Tab. 17), wovon keine strikt ungrammatisch ist, aber doch einige akzeptabler als andere (gekennzeichnet mit ‚√') oder auch weniger akzeptabel (gekennzeichnet mit ‚►'.

(36) dass [$_{MF}$ Hans$_{SUBJ/NOM}$ dem Kind$_{DAT/IO}$ ein Buch$_{AKK/DO}$ gestern] geschenkt hat

			Mittelfeld				
			Slot 1	Slot 2	Slot 3	Slot 4	
1	√	dass	Hans	dem Kind	ein Buch	gestern	geschenkt hat
2	√	dass	Hans	dem Kind	gestern	ein Buch	geschenkt hat
3	√	dass	Hans	gestern	dem Kind	ein Buch	geschenkt hat
4	√	dass	gestern	Hans	dem Kind	ein Buch	geschenkt hat
5		dass	Hans	ein Buch	dem Kind	gestern	geschenkt hat
6		dass	Hans	ein Buch	gestern	dem Kind	geschenkt hat
7		dass	Hans	gestern	ein Buch	dem Kind	geschenkt hat
8		dass	gestern	Hans	ein Buch	dem Kind	geschenkt hat
9		dass	ein Buch	Hans	dem Kind	gestern	geschenkt hat
10		dass	ein Buch	Hans	gestern	dem Kind	geschenkt hat
11		dass	ein Buch	gestern	Hans	dem Kind	geschenkt hat
12		dass	gestern	ein Buch	Hans	dem Kind	geschenkt hat
13		dass	dem Kind	Hans	ein Buch	gestern	geschenkt hat
14		dass	dem Kind	Hans	gestern	ein Buch	geschenkt hat
15		dass	dem Kind	gestern	Hans	ein Buch	geschenkt hat
16		dass	gestern	dem Kind	Hans	ein Buch	geschenkt hat
17	►	dass	dem Kind	ein Buch	Hans	gestern	geschenkt hat
18	►	dass	dem Kind	ein Buch	gestern	Hans	geschenkt hat
19	►	dass	dem Kind	gestern	ein Buch	Hans	geschenkt hat
20	►	dass	gestern	dem Kind	ein Buch	Hans	geschenkt hat
21	►	dass	ein Buch	dem Kind	Hans	gestern	geschenkt hat
22	►	dass	ein Buch	dem Kind	gestern	Hans	geschenkt hat
23	►	dass	ein Buch	gestern	dem Kind	Hans	geschenkt hat
24	►	dass	gestern	ein Buch	dem Kind	Hans	geschenkt hat

Tabelle 17: Variationsmöglichkeiten im MF

Bzgl. der in Tab. 16 angeführten Präferenzen bei der Abfolge von nominalen Satzgliedern (= SUBJ – IO – DO), haben wir die Varianten in Tab. 17 wie folgt gekennzeichnet: Die durch ‚√' gekennzeichneten Abfolgen weisen entsprechend Nominativ/Subjekt (= SUBJ) – Dativ/indirektes Objekt (= IO) – Akkusativ/direktes Objekt (= DO) auf und die mit ‚►' gekennzeichneten Abfolgen (Z17-24) weisen bzgl. eines Objekts (= OBJ) oder beider Objekte ein nachgestelltes SUBJ auf und variieren zwischen weniger akzeptabel bis unakzeptabel. Die grau unterlegten Abfolgen (Z5-16) weisen dagegen im Vergleich zu den Abfolgen (in Z1-4) reiche Veränderungen auf; diese Sätze liegen im mittleren Akzeptabilitätsgrad zwischen ‚√' und ‚►'. Wie die Beispiele (37)-(38) zeigen, kann durch geeignete Betonung fast jede Variante stilistisch akzeptabel werden, das rettet aber nicht immer die Akzeptabilität vgl. (39).

(37) a ?dass Hans$_{NOM}$ ein BUCH$_{AKK/DO}$ dem Kind$_{DAT/IO}$ geschenkt hat
 b. ??dass Hans$_{NOM}$ ein Buch$_{AKK/DO}$ dem Kind$_{DAT/IO}$ geschenkt hat

(38) a. √dass Hans wegen den Kindern$_{KAUSAL}$ gern$_{MODAL}$ geblieben ist
 b. ?dass Hans GERN wegen den Kindern geblieben ist
 c. *dass Hans gern wegen den Kindern geblieben ist

(39) a. √dass er$_{NOM}$ es$_{AKK}$ ihm$_{DAT}$ geschenkt hat
 b. *dass er IHM es geschenkt hat
 c. *dass er ihm es geschenkt hat

(39)' a. √dass Hans$_{NOM}$ es$_{AKK}$ dem Kind$_{DAT}$ geschenkt hat
 b. *dass Hans$_{NOM}$ dem Kind$_{DAT}$ es$_{AKK}$ geschenkt hat

Wir beobachten in (39b)', dass das Auftreten pronominaler Satzglieder nach einem nichtpronominalen Satzglied als abweichend empfunden wird. Diese Beschränkung ist aber nur für Nicht-Subjekte ausreichend stark (die können immer vorangehen), dass sie (nahezu) sämtliche Kontextbedingungen, strukturelle und semantische, die wir im Folgenden betrachten, überlagert: Die Stabilität der Präferenzbedingung 1 rechtfertige schließlich auch die Schaffung einer mittelfeldinitialen Position, die wir in § 4.2 einführen.

Präferenzbedingung 1: Pronomen vor nichtpronominalen Satzgliedern

Angesichts der Vielzahl von möglichen Abfolgevarianten, die wir in Tab. 17 gesehen haben, können wir uns zwei Fragen stellen: 1. Aus welchen Gründen sind bestimmte Abfolgen präferiert/unmarkiert gegenüber anderen? Und 2.: Gibt es eine Grundabfolge? Als terminologische Varianten zum Begriff Grundabfolge findet man in der Literatur übrigens auch die Bezeichnungen ‚normale Abfolge', ‚unmarkierte Abfolge', ‚normale Wortstellung'. Bevor wir uns mit der Beantwortung dieser Fragen beschäftigen, müssen wir den Terminus ‚Markiertheit' klären. **Markiertheit** besagt, dass unter bestimmten Bedingungen eine Abfolge gegenüber einer zweiten nicht präferiert ist, s. oben in Tab. 17, die mit ‚▶' gekennzeichneten Sätze und die grau unterlegten Felder verglichen mit den Häkchensätzen.

Markiertheit
Wenn zwei Satzglieder A und B sowohl in der Abfolge AB wie in der Abfolge BA auftreten können, und wenn BA nur unter bestimmten, testbaren Bedingungen auftreten kann, denen AB nicht unterliegt, dann ist AB die ‚unmarkierte Abfolge' und BA die ‚markierte Abfolge'. (Lenerz 1977: 27)

Spielen wir die Bedingungen von Markiertheit anhand von zwei Testumgebungen durch: alte vs. neue Information (§ 3.4.1) und Definitheit (§ 3.4.2). Im Anschluss werden wir dann noch weitere Beispiele für Präferenzen und Besonderheiten bei den Mittelfeldabfolgen anschließen: das Gesetz der wachsenden Glieder, die Satzklammerbedingung, die Subjekt-Agens-Bedingung und die Belebtheit (§ 3.4.3). In § 3.4.4 gehen wir kurz auf den Aspekt der Betonung von Konstituenten in MF ein.

3.4.1 Thema-Rhema-Bedingung

Sätze stehen verhältnismäßig selten für sich allein, sondern sind Einheiten im Diskurs. Wir unterscheiden daher zwischen der dem Sprecher und/oder dem Hörer bekannten, im Diskurs bereits eingeführten Information – dem **Thema** – und der dem Sprecher und/oder dem Hörer unbekannten, im Diskurs neu eingeführten Information – dem **Rhema**. Das Rhema kann als Antwort auf eine Ergänzungsfrage ermittelt werden (40).

Thema-Rhema Bestimmung
Durch den Fragetest wird ein bestimmter Satz in einen sprachlichen Kontext gestellt, der es erlaubt, Thema und Rhema eindeutig zu bestimmen. Thema ist das, worüber gesprochen wird, das Rhema das, was man darüber hört.

(40) **Von wem** bekam das Kind ein Buch geschenkt?
Das Kind bekam ein Buch von Hans geschenkt.
Kind, Buch = Thema/alte Information; *von* **Hans** = Rhema/neue Information

Bezüglich der Diskursinformation kann nun weiter beobachtet werden, dass nicht jede Abfolgevariante in jedem Äußerungskontext angemessen ist und so ergibt sich die Notwendigkeit, bei der Konstituentenanordnung auf den vorausgehenden Satz Rücksicht zu nehmen. Allgemein soll das als bekannt Vorausgesetzte vor der neu hinzukommenden Information stehen, Thema vor Rhema (= TH <

RH); bei Verletzung dieser Bedingung können wir beobachten, dass die Abfolge BA (Rhema < Thema (41b)) bzgl. der Abfolge AB (41a) markiert ist („M' = markiert i.S. der Markiertheitsbedingung).

(41) **Was** hat Hans dem Kind geschenkt?
    a. Hans hat [$_{MF}$ dem Kind ein Buch] geschenkt.
       Kind, Hans = Thema; *ein Buch* = Rhema
    b. $_M$Hans hat [$_{MF}$ ein Buch dem Kind] geschenkt.

Als bekannt vorausgesetzt ist in (41) *Hans* (= SUBJ) und *Kind* (= IO). Im MF ist dann die unmarkierte Abfolge: (41a) mit TH < RH.

Präferenzbedingung 2: Thema vor Rhema
Abfolgevarianten nominaler Satzglieder im MF werden durch Diskursinformation mitbestimmt.

Betrachten wir nun, welchen Einfluss die Satzgliedfunktion auf die Abfolge in MF hat: In vielen Grammatiken stehen z.t. unklare Angaben, in welcher Reihenfolge das direkte Objekt (= DO) und das indirekte Objekt (= IO) im Deutschen stehen. Allenfalls wird in Beispielsätzen IO < DO als die normale Abfolge postuliert. Spielen wir das anhand von Beispielen durch und kombinieren die Satzgliedfunktion mit der Thema-Rhema-Bedingung. Durch den Kontext (42) wird DO durch die Frage als Thema bestimmt, IO in den Antworten eindeutig als Rhema.

       IO: Objekt im Dativ; DO: Objekt im Akkusativ
(42)   **Wem** hat Hans das Buch$_{DO/TH}$ geschenkt?
    a. Hans hat dem Kind$_{IO/RH}$ das Buch $_{DO/TH}$ geschenkt.
    b. Hans hat das Buch $_{DO/TH}$ dem Kind$_{IO/RH}$ geschenkt.

Wenn also IO das Rhema ist, dann sind beide Abfolgen der Objekte (IO < DO und DO < IO) gleichermaßen möglich bzw. im Kontext akzeptabel. Legen wir nun aber den Kontext wie folgt: IO bildet das Thema und DO das Rhema:

(43)   **Was** hat Hans dem Kind$_{IO/TH}$ geschenkt?
    a. Hans hat dem Kind$_{IO/TH}$ das Buch $_{DO/RH}$ geschenkt.
    b. $_M$Hans hat das Buch$_{DO/RH}$ dem Kind$_{IO/TH}$ geschenkt.

Wir stellen fest, dass nur die Antwort (43a) in diesem Kontext akzeptabel ist und damit die Abfolge IO < DO. Die Abfolge DO < IO scheidet aus bzw. ist markiert, wenn DO Rhema ist.
    Damit unterliegt die Abfolge DO < IO einer besonderen Beschränkung und ist somit die markierte Abfolge und IO < DO die unmarkierte Abfolge. Knüpfen wir also die Satzgliedfunktion an Diskursinformationen, können wir den folgenden Schluss ziehen: Dativobjekt vor Akkusativobjekt (IO < DO) ist unmarkiert, weil nur DO < IO durch die Rhemabedingung – in diesem Fall – einge-

schränkt ist. Man beachte, dass Lenerz' Beobachtung nur für bestimmte Verbgruppen gilt (s. dazu eine ausführliche Kritik von Reis 1987). Als Fazit – wieder bezogen auf die Markiertheitsbedingung – gilt damit Folgendes: Die Abfolge BA kann dadurch gegenüber AB eingeschränkt sein, dass in BA B Thema sein muss bzw. nicht Rhema sein darf.

3.4.2 Definitheitsbedingung

In den Beispielsätzen (42) und (43) sind nominale Satzglieder mit bestimmtem/definitem Artikel verwendet worden. Das haben wir getan, damit die Thema-Rhema-Abfolge nicht mit der Abfolge verschiedener Artikel gleichgesetzt wird. Zwar trägt das Rhema häufig den unbestimmten/indefiniten Artikel und das Thema den definiten Artikel (weil man sich mit dem definiten Artikel u.a. auf alte im Äußerungskontext vorausgesetzte Information beziehen kann), das ist aber nicht notwendigerweise der Fall. Sowohl definite als auch indefinite nominale Satzglieder (= NPs) können als Thema und als Rhema vorkommen, vgl. (44) und (45a).

(44) Wem hat Hans **ein Buch** geschenkt?
Hans hat **dem Kind ein Buch** geschenkt.
Buch = DO/AKK, Thema, indef. Artikel
Kind = IO/DAT, Rhema, def. Artikel

(45) Wem hat Hans **das Buch** geschenkt?
a. Hans hat **einem Kind das Buch** geschenkt.
b. Hans hat **das Buch einem Kind** geschenkt.
Buch = DO/AKK, Thema, def. Artikel
Kind = IO/DAT, Rhema, indef. Artikel

Es lässt sich aber beobachten, dass indefinite NPs nach rechts tendieren, definite nach links ((44) und (45b)), so dass in der relativen Abfolge im MF **definit vor indefinit** realisiert wird. Verknüpfen wir nun die Thema-Rhema-Bedingung erneut mit einer Testumgebung – nämlich mit Definit- bzw. Indefinitheit – und vergleichen die Abfolge $DAT^{def} < AKK^{indef}$ in (44) mit den Varianten $AKK^{def} < DAT^{indef}$ in (45b) und $AKK^{indef} < DAT^{def}$ in (46b):

(46) Wem hat Hans **ein Buch** geschenkt?
a. Hans hat **dem Kind ein Buch** geschenkt.
b. ₍M₎Hans hat **ein Buch dem Kind** geschenkt.
Buch = DO/AKK, Thema, indef. Artikel
Kind = IO/DAT, Rhema, def. Artikel

Wir können folgende Beobachtungen machen: Die Abfolge DO < IO ist markiert, wenn DO nicht die definite sondern die indefinite NP ist (46b). Damit erweist sich IO < DO wieder als die unmarkierte Abfolge (vgl. (45a) und (46a)) und DO < IO als die markierte Abfolge.

Als Fazit – erneut bezogen auf die Markiertheitsbedingung – gilt Folgendes: Die Abfolge BA kann dadurch gegenüber AB eingeschränkt sein, dass in BA B definit sein muss bzw. nicht indefinit sein darf. Die Beobachtungen, die wir bzgl. der Thema-Rhema-Bedingung und der Definitheitsbedingung gemacht haben, führen somit zu einer weiteren Präferenzbedingung bei der Abfolge nominaler Satzglieder im MF:

Präferenzbedingung 3: IO/DAT vor DO/AKK

3.4.3 Weitere Präferenzbedingungen und Besonderheiten

Neben den kontextsensitiven Bedingungen für eine präferierte Abfolge von (nominalen) Satzgliedern im MF gelten i.a. weitere:
- Subjekt- / Agensbedingung
- belebt vor unbelebt
- DO/AKK vor Präpositionalobjekt (= PO) und Genitivobjekt (= GenO)
- Satzklammerbedingung
- Gesetz der wachsenden Glieder

Gehen wir nochmals zu Tab. 17 Z17-24, so können wir beobachten, dass Abfolgen, bei denen das Subjekt rechts (nach weiteren vollen NPs) positioniert wurde, zwischen weniger bis nicht akzeptabel variieren. Die akzeptable Abfolge ist SUBJ vor allen Objekten (= OBJ), wobei eine Umstellung zu OBJ < SUBJ nur dann möglich ist, wenn das OBJ als Mitteilungszentrum angesehen werden kann. Im Zentrum der Mitteilung steht das SUBJ immer dann, wenn es eine Handlung verursacht und damit ein Agens ist. Verben, die das Objekt als Mitteilungszentrum festlegen, sind psychische Verben wie *auffallen, ängstigen, anekeln* (47) und unakkusativische/ergative – Verben wie *unterliegen, unterlaufen* (48). Bei ihnen lässt sich als unmarkierte Abfolge dann auch OBJ < SUBJ beobachten.

(47) a. dass die junge Autorin dem Kritiker aufgefallen ist
b. dass dem Kritiker die junge Autorin aufgefallen ist

(48) a. dass dem Hans der Fehler unterlaufen ist
b. ?dass der Fehler dem Hans unterlaufen ist

Präferenzbedingung 4: Subjekt/Agens vor weiteren Satzgliedern

Das indirekte Objekt zeichnet sich überwiegend dadurch aus, dass es unter den Objekten die belebte Konstituente ist. Anders sind diesbezüglich jedoch Verben wie *unterziehen, aussetzen*, deren direktes Objekt sich durch Belebtheit ausweist. Diese Verben zeigen als Normalabfolge dann auch DO < IO.

(49) a. dass man dem Kind$_{IO}$^{belebt} das Fahrrad$_{DO}$^{unbelebt} gestohlen hat
 b. ??dass man das Fahrrad dem Kind gestohlen hat

(50) a. dass man die Kinder$_{DO}$^{unbelebt} doch nicht der Gefahr$_{IO}$^{unbelebt} aussetzen kann
 b. ??dass man der Gefahr doch nicht die Kinder aussetzen kann

Präferenzbedingung 5: Belebt vor unbelebt

Präpositional- und Genitivobjekte können dem direkten Objekt nur nachgestellt werden. Die Umstellung zu PO < DO ist stark markiert, die Umstellung zu GenO < DO ungrammatisch.

(51) a. dass man die Kandidaten$_{DO}$ über die Regeln$_{PO}$ aufklärte
 b. ??dass man über die Regeln$_{PO}$ die Kandidaten$_{DO}$ aufklärte

(52) a. dass man die Kinder$_{DO}$ des Diebstahls$_{GenO}$ beschuldigt hat
 b. *dass man des Diebstahls$_{GenO}$ die Kinder$_{DO}$ beschuldigt hat

Präferenzbedingung 6: DO vor Präpositional- und Genitivobjekt

Das Gesetz der wachsenden Glieder (Behaghel 1920) und die Satzklammerbedingung (Lenerz 1977) deuten auf stilistische Tendenzen hin. (Auf die Satzklammerbedingung gehen wir hier nicht ein, weil die Daten z.T. schwer zu beurteilen sind, jedoch ist die Akzeptabilität der Abfolgen meist nur dann betroffen, wenn gegen beide Bedingungen gleichzeitig verstoßen wird.) Das Gesetz der wachsenden Glieder besagt: Bei zwei Satzgliedern ist die Reihenfolge herzustellen, in der das schwerere (längere) Satzglied dem leichten (kürzeren) folgt (53).

Gesetz der wachsenden Glieder (= GwG)
(53) a. Er hat [den Kandidaten, die an dem Turnier teilgenommen haben, das für wohltätige Zwecke veranstaltet wurde,] [die Regeln] erklärt.
 b. (M)Er hat [die Regeln] [den Kandidaten, die an dem Turnier teilgenommen haben, das für wohltätige Zwecke veranstaltet wurde] erklärt.

Präferenzbedingung 7: Schwere/lange Satzglieder folgen leichteren/kürzeren

3.4.4 Aspekt der Betonung

Betont werden kann im Satz – außer den unbetonbaren Pronomen – fast jede Konstituente. **Normale Betonung** liegt aber dann vor, „wenn die Sprecher diese Betonung als stilistisch normal empfinden; [der Satz] ist nicht-normal betont, wenn diese Betonung als stilistisch nicht-normal empfunden wird" (Höhle 1982: 85). Was i.d.S. als normal empfunden wird, ist, dass der Akzent auf der letzten nichtverbalen Konstituente unmittelbar vor der RSK-Position liegt.

Wie wir insbesondere unter der Subjekt-/Agensbedingung beobachten konnten, kann je nach Verb eine unterschiedliche Grundabfolge vorliegen. In Verbindung mit Normalbetonung kann nun unabhängig von den eben vorgestellten Tendenzen der Konstituentenabfolge die Normalwortstellung ermittelt werden. Höhle (1982) zeigt – grob gesprochen –, dass normale Wortstellung bei Normalbetonung dann vorliegt, wenn der normal-betonte Satz (mit entsprechender Konstituentenabfolge) als mögliche Antwort in den meisten Kontexten als zulässig gelten kann. Anders gesagt: Kann ein Satz mit einer bestimmten Konstituentenabfolge als angemessene Antwort in verschiedenen Fragekontexten verwendet werden, heißt das, dass verschiedene Konstituenten als Fokus bzw. als „neue Mitteilung" gelten können. Bei der Äußerung eines Satzes ist jener Teil der Fokus, dessen Funktion im Satz nicht aufgrund des relevanten Kontexts bekannt ist (= Fokusprojektion). Die übrigen Teile des Satzes bilden das Topik. (Hier können wir eine Verbindung zu Thema/Rhema ziehen.) Damit hat ein normal-betonter Satz Normalwortstellung, wenn die meisten möglichen Foki projiziert werden können und folglich die geringsten Einschränkungen bzgl. eines beliebigen Fragekontexts herrschen. (54) ist hinsichtlich der Betonung kontextuell relativ unmarkiert, da er die meisten möglichen Foki hat und daher in den meisten Kontexttypen – gegeben durch die Fragen – vorkommen kann. Dieser Satz weist auch eine Betonung auf, die allgemein als stilistisch normal empfunden wird.

(54) Gestern hat Karl dem Kind das BUCH geschenkt.
    a. Was hat Karl dem Kind geschenkt? **Fokus** → *das Buch*
    b. Was hat Karl hinsichtlich des Kindes getan? **Fokus** → *das Buch geschenkt*
    c. Was hat Karl getan? **Fokus** → *dem Kind das Buch geschenkt*
    d. Was hat das Kind erlebt? **Fokus** → *Karl hat (ihm) ein Buch geschenkt*
    e. Was ist geschehen? **Fokus** → *ganzer Satz*

Bei Nicht-Normalbetonung verringern sich die möglichen gültigen Fragekontexte. Auf die Fragen (55b-e) kann (55) nicht als angemessene Antwort gegeben werden: Die mit ‚#' versehenen Fragen kennzeichnen einen für die Antwort unpassenden Kontext. In (56) – ebenfalls kein normal-betonter Satz – ist nur (56a) ein angemessener Fragekontext:

(55) Gestern hat Karl dem KIND das Buch geschenkt.
    a. Wem hat Karl das Buch geschenkt? **Fokus** → *dem Kind*
    b. #Was hat Karl hinsichtlich des Kindes getan?
    c. #Was hat Karl getan?
    d. #Was hat das Kind erlebt?

e. #Was ist geschehen?
(56) Gestern hat KARL dem Kind das Buch geschenkt.
a. Wer hat dem Kind das Buch geschenkt? **Fokus** → *Karl*

(57) weist gegenüber (54) eine geringere Anzahl an passenden Kontexten auf (nur (57a, b)), deshalb ist die Abfolge DO < IO trotz Normalbetonung gegenüber IO < DO beim Verb *schenken* präferiert. Bei Höhle (1982: 141) heißt es dazu, dass ein Satz ‚stilistisch normale Wortstellung' genau dann aufweist, wenn er unter allen Sätzen, die sich von diesem Satz nur hinsichtlich der Wortstellung und/oder der Betonung unterscheiden, die meisten möglichen Foki hat, d.h. in den meisten Kontexten vorkommen kann. (57) weist folglich gegenüber (54) keine Normalabfolge auf.

(57) Gestern hat Karl das Buch dem KIND geschenkt.
a. Wem hat Karl das Buch geschenkt? **Fokus** → *dem Kind*
b. Was hat Karl mit dem Buch getan? **Fokus** → *dem Kind geschenkt*
c. #Was hat Karl getan? **Fokus** → *dem Kind das Buch geschenkt*
d. #Was hat das Kind erlebt?
e. #Was ist geschehen?

Grundbegriffe: Präferenzbedingung, Grundabfolge, Markiertheit, Thema-Rhema-Bedingung/Topik-Fokus, Definitheits-/Agensbedingung, Belebtheit, Gesetz der wachsenden Glieder, Normalbetonung, Normalabfolge, Äußerungskontext.

Weiterführende Literatur: Höhle (1982), Jacobs (1988), Lenerz (1977), (1993), Müller (2000), Primus (1996), Reis (1987), Rosengren (1994), Zifonun et al. (1997: E4, Abschnitt 2).

Aufgaben:
a) Zeigen Sie an grammatischen und ungrammatischen Abfolgen Stellungsregularitäten von Pronomina vs. Nichtpronomina im MF. Zeigen Sie, ob sich nichtpronominale Subjekte gegenüber nichtpronominalen Objekten anders verhalten.

b) Zeigen Sie anhand der Thema-Rhema-Bedingung, unter welchen Bedingungen DAT < AKK oder AKK < DAT die markierte(re) Abfolge ist. Bauen Sie dafür zwei Fragekontexte, die jeweils das TH festlegen. Erläutern Sie an der (Un-)Markiertheit der Antwortpaare die präferierte Abfolge der Satzglieder in MF. Arbeiten Sie mit folgenden Sätzen:
    a. Waldi hat dem Schornsteinfeger die Hose zerrissen.
    b. Heidi hat die Bewerber dem Persönlichkeitstest unterzogen.

c) Zeigen Sie, wie die Definitheits- mit der Thema-Rhema-Bedingung interagiert. Unter welchen Bedingungen ist DAT < AKK oder AKK < DAT die markierte(re) Abfolge? Bauen Sie dafür zwei Fragekontexte, die jeweils das TH festlegen. Erläutern Sie an der (Un-)Markiertheit der Antwortpaare die präferierte Abfolge der Satzglieder in MF.
    a. Waldi hat dem/einem SchornsteinfegerIO die/eine HoseDO zerrissen.

3.5 Nachfeld und die Abfolge seiner Inhalte

Betrachten wir das Nachfeld: In NF befinden sich nachgestellte (= ausgeklammerte oder extraponierte) Konstituenten – vor allem satzwertige Konstituenten und größere (s.g. schwere) nichtsatzwertige Konstituenten bevorzugen NF (58), (59).

(58) a. Dann hat da noch gespielt, [NF die Cellistin, [die letztes Jahr alle Nachwuchspreise in Europa gewonnen hat]].
b. ?Dann hat da noch [die Cellistin, [die letztes Jahr alle Nachwuchspreise in Europa gewonnen hat]], gespielt.

(59) a. weil mir gefällt, [NF dass richtig Winter ist]
b. ??weil, *dass richtig Winter ist*, mir gefällt
c. Dass richtig Winter ist, gefällt mir.

Subjektsätze (59) wie auch Objektsätze treten äußerst ungern in MF auf – sind aber nicht auf die Nachstellung beschränkt wie Verbzweitkomplementsätze (60).

(60) a. weil du mir versprochen hast, [*du kommst*]
b. *weil du mir, *du kommst*, versprochen hast
c. ?*Du kommst*, hast du mir versprochen.

VF	LSK	MF	RSK	NF
				Im NF treten satzwertige und – unter bestimmten Bedingungen – nichtsatzwertige Konstituenten auf.
				Im NF tritt fakultativ mehr als eine Konstituente von beliebiger Komplexität auf (auch Null).
				Auf Nachstellung beschränkt sind u.a. mit (*so*)*dass* eingeleitete konsekutive Adverbialsätze.

Tabelle 18: Füllung des Nachfeldes im topologischen Grundmodell

(60c) ist eine parenthetische Struktur, s. Reis (1997), basierend auf einer Beobachtung aus Brandt et al. (1992). Konsekutive Nebensätze (61) können weder in MF noch in VF auftreten – sind also nur nachgestellt möglich. Extraposition schwerer NPs in NF zeigt (58a), extraponiert bzw. nachgestellt sind auch die Sätze (59a), (60a) und (61a) (zum grammatisch leicht abweichenden Satz (60c), s. § 4.3 zur Unintegriertheit von abhängigen V2-Sätzen).

(61) a. David war erkältet, sodass er sogar im Bett liegen blieb.
b. *David war, sodass er sogar im Bett liegen blieb, erkältet,
c. *Sodass er sogar im Bett liegen blieb, war David erkältet.

Von Höhle (1986: 337f.) ist die Beobachtung gemacht worden, dass nachgestellte Sätze nicht alle eine einheitliche nachgestellte Position einnehmen, was auf Ähnlichkeiten und Verschiedenheiten der Felderpositionen rechts von RSK hinweist: Eine Konstituente, die in VF und in NF stehen kann, kann mehr oder weniger gut auch in MF stehen (62). Eine Konstituente, die in NF, aber nicht in MF stehen kann, kann aber in VF stehen, vgl. (59). Warum aber einige Sätze, die nachgestellt auftreten, nicht in VF stehen können (63), wirft die Frage nach unterschiedlichen Positionen rechts von RSK auf. Weil auch V2-Komplementsätze (60) hinsichtlich Voranstellung nicht ganz so gut abschneiden, werden wir auch auf Besonderheiten bei deren Nachstellung in § 4.5 eingehen.

(62) a. Dass sie ihm helfen würde, hat sie ihm nur ungern zugesagt.
   b. Sie hat ihm nur ungern zugesagt, dass sie ihm helfen würde.
   c. Sie hat ihm, dass sie ihm helfen würde, nur ungern zugesagt.

(63) a. Wahrscheinlich ist Karl stolz gewesen, dass er so viel getrunken hat.
   b. *Karl ist, dass er so viel getrunken hat, wahrscheinlich stolz gewesen.
   c. *Dass er so viel getrunken hat, ist Karl wahrscheinlich stolz gewesen.
   (Bsp. von Höhle 1986: 338)

Grundbegriffe: Extraposition.

Weiterführende Literatur: Büring/Hartmann (1997), Haider (1997), Sternefeld (2006, § III-8).

Aufgabe: Analysieren Sie die Sätze im uniformen topologischen Modell. Beachten Sie dabei, dass Glied-, Attribut- und freie Relativsätze eingebettete Strukturen sind. Kennzeichen Sie in einem ersten Schritt den Hauptsatz, dann evtl. weitere Matrixsätze. Jeder komplexe Satz soll in einem weiteren Schritt wieder analysiert werden (Kommata wurden weggelassen).
   a. Von wem der Hans denn nun der Vater gewesen ist weiß ich nicht.
   b. Warum nicht einfach mal aussteigen?
   c. (Was glaubst du?) Ob der mir dem Kind wieder Unsinn schenkt?
   d. Annemarie die nie mit der Sympathie der Jury rechnen konnte ist trotzdem erst spät ausgeschieden.
   e. Ich glaube ihm weil er mir damals versprochen hat ein besserer Mensch zu werden indem er nicht nur an sich denkt.
   f. Ohne dass das Wetter gut zu werden verspricht mache ich keine Termine mehr im Freibad aus.
   g. Wer fühlt was er sieht tut was er kann.

3.6 Zusammenfassung

In den Abschnitten 1-5 haben wir sowohl die Füllung der Felder als auch einige Beschränkungen besprochen, die die Klammer- und die

Felderpositionen betreffen. MF ist dabei das größte Gewicht zugekommen, weil wir im nächsten Kapitel nur noch in aller Kürze auf seine weitere Differenzierung eingehen. Die Abfolgen der Konstituenten in MF sind – wie wir gezeigt haben – durchaus nicht beliebig, sondern sie folgen komplexen Beschränkungen, die einander beeinflussen. Diese Beschränkungen haben sowohl universal und damit übereinzelsprachlich als auch sprachspezifisch Geltung.

Einführende Literatur zu den Inhalten von § 3: Engel (1996), Hoberg (1981), Höhle (1986), Geilfuß-Wolfgang (2007[2]), Pittner/Berman (2008), Reis (1980), Stechow, v./Sternefeld (1988), Sternefeld (2006), Wöllstein-Leisten et al. (1997).

4. Topologisches Satzmodell – Erweiterungen

Sehen wir uns innerhalb der eigentlichen Satzgrenze etwas genauer die linearen Abfolgen von Elementen an, so müssen wir etwas mehr differenzieren, was die einzelnen Positionen angeht. Das topologische Grundmodell schien bislang nicht nur für die Analyse von Sätzen geeignet, es konnten auch ungrammatische Sätze des Deutschen wie in (64) ausgeschlossen werden.

(64) a. *[Man] [seinen Hund] <u>darf</u> doch wohl mitbringen.
b. *[Den] [seinen Hund] <u>darf</u> man doch wohl mitbringen.
c. *[Warum] [seinen Hund] <u>soll</u> man nicht mitbringen dürfen.

Andererseits führt eine geringfügige Veränderung der Konstituentenabfolge wie z.b. des Satzes (64b) zu einem grammatischen Satz am linken wie am rechten Rand:

(64)' a. [**Seinen Hund**], den darf man doch wohl mitbringen.
b. Mitbringen darf man [**den**] doch wohl, [**den Hund**].

Wie man dem durch eine sinnvolle Erweiterung des Grundmodells Rechnung trägt, zeigen wir in § 4.1 und § 4.5 - § 4.6.

Man kann weiter beobachten, dass sich Pronomen im Deutschen ziemlich hartnäckig am linken Rand des Mittelfelds aufhalten (65) und damit der relativen Stellungsfreiheit der Konstituenten in MF zu widersprechen scheinen, vgl. § 3.1. Auch dies kann durch eine Erweiterung des Grundmodells in § 3.2 leicht berücksichtigt werden.

(65) a. [$_{VF}$ Geben] [$_{LSK}$ wird] [$_{MF}$ *er ihr* das Buch wohl nicht mehr].
b. *[$_{VF}$ Geben] [$_{LSK}$ wird] [$_{MF}$ das Buch *er ihr* wohl nicht mehr].

Wie in MF können auch in RSK mehrere Elemente auftreten. RSK ist – wie wir wissen – nur für verbale Elemente und zum Verb gehörende Einheiten wie trennbare Partikeln zugänglich (s. § 3.3, Tab. 14). Außerdem ist deren Abfolge streng geregelt, sodass wir auch hier durch eine weitere Feingliederung von RSK etwaige Beschränkungen erfassen können.

(66) a. dass man ihn hier [$_{RSK}$ sitzen lassen können wird]
  b. *dass man ihn hier [$_{RSK}$ lassen können sitzen wird]
  c. *dass man ihn hier [$_{RSK}$ können sitzen wird lassen]

Wir werden dazu in § 4.3 etwas in die Syntax der infiniten Verben eintauchen. In § 4.4 befassen wir uns mit Beiordnungstrukturen und mit Diskurskonjunkten (= mit *und/oder/aber* eingeleitete einfache Sätze).

4.1 Am linken Rand des VF – Linksversetzung

Für VF wird angenommen, dass es nur durch eine einzige Konstituente besetzt sein darf (zur „mehrfachen VF-Besetzung", s. § 4.5). In (64a)' treten aber verbinitial (vor LSK) zwei Konstituenten auf. Betrachten wir dagegen (67a-h): Unter bestimmten Umständen scheint die verbinitiale Abfolge zweier Konstituenten im Deutschen möglich. Selbst bei Entscheidungsfragen darf dem Finitum eine Konstituente vorausgehen – man erinnere sich, dass bei Entscheidungsfragen VF unbesetzt bleibt, da sonst ein anderer Satzmodus resultiert. Im Normalfall führt die Vorfeldbesetzung zum Verlust der Fragekraft, nicht so bei (67h).

(67) a. [*Bei dem Regen*],   [***da***] schickt man keinen Hund raus.
  b. [*In den meisten Hotels*],   [***da/dort***] sind Hunde nicht erwünscht.
  c. [*Kommst du nicht*],   [***so/dann***] fang' ich dich.
  d. [*Seinen Hund*],   [***den***] darf man wohl mitbringen.
  e. [*Seinen Hund*],   man darf [***den***] doch wohl mitbringen.
  f. [*Seinen Hund*],   warum darf man [***den***] nicht mitbringen?
  g. [*Dass er Hunde liebt*],   [***damit***] hat keiner gerechnet.
  h. [*Seinen Hund*],   darf man [***den***] wohl mitbringen?

Wir beobachten in (67), dass das vom Verb abhängige Satzglied einem wiederaufnehmenden anaphorischen Element (= Proform oder Resumptivpronomen/Korrelat, fett markiert) vorausgehen darf. Dabei kongruieren kasustragende Bezugselemente bzw. das Satzglied und die Proform in ihren Deklinationsmerkmalen (67d-f, h). Die Proform kann neben Nominalphrasen auch Präpositionalphrasen (67a, b) oder ganze Sätze (67c, g) wiederaufgreifen. Wir beobachten darüber hinaus auch, dass die Proform ihrem Bezugselement nicht unmittelbar folgen muss (67e, f, h), sondern in ihrer Positionierung auch abhängig vom ausgedrückten Satzmodus ist, was im Einzelnen Folgendes heißt: Im Deklarativsatz kann die Proform vor und nach LSK auftreten (67d, e). Bei (67e) – die Proform ist dem Finitum nachgestellt – liegt vermutlich eine besondere Satzform (= Konstruktion) vor, die sich von den restlichen in (67) unterscheidet und vermutlich nicht in die Satzstruktur integriert ist; zur Desintegration vgl. § 4.5. Im Entscheidungsinterrogativsatz und im Ergänzungsinterrrogativsatz tritt das Pronomen nur nach LSK auf, da im Entscheidungsinterrogativsatz VF immer frei bleiben muss (67h) und im Ergänzungsinterrogativsatz die w-Konstituente im VF auftritt (67f). Wo, wenn nicht in VF, befinden sich aber dann die „Linksaußenausdrücke"? Den Typ von Herausstellungskonstruktion in (67) bezeichnet man als Linksversetzung (= Leftdislocation). Eine Linksversetzungskonstruktion erkennt man daran, dass die aufnehmende Proform nicht fehlen darf.

(68) *Seinen Hund*, warum soll man *(*den*)* nicht mitbringen dürfen?

Wir erweitern somit das topologische Satzmodell und führen eine Position für die regulär linksversetzte Konstituente ein; sie geht dem Vorfeld voran und wird als **Linksversetzungs-** (= LV) oder **Vor-Vorfeldposition** (= VVF) bezeichnet.

LV/VVF	VF	LSK	MF	RSK
Seinen Hund	**den**	darf	man doch wohl	mitbringen.
Seinen Hund	man	darf	**den** doch wohl	mitbringen.
Seinen Hund		darf	man **den** doch wohl	mitbringen?
Seinen Hund	warum	soll	man **den** nicht	mitbringen dürfen?

Tabelle 19: Erweitertes Grundmodell – Vor-Vorfeld bei Linksversetzung

Die pragmatische Funktion der Linksversetzung kann charakterisiert werden als die Festlegung eines neuen Themas bzw. Satztopiks durch den Sprecher. Dargestellt werden kann die Erweiterung auch wie in der folgenden Abbildung:

Linksver-setzung	Vorfeld	Linke Satz-klammer	Mittelfeld	Rechte Satz-klammer	Nachfeld

Abbildung 7.1: Erweitertes topologisches Grundmodell

Wir möchten aber nicht unterschlagen, dass die Sache wohl noch verzwickter ist, denn neben dem „Linksaußen", das sich aber noch innerhalb der eigentlichen Satzgrenze aufhält, haben wir im Deutschen auch noch eine „Mitspielerposition" außerhalb der eigentlichen Satzgrenze, s. Abschnitt 5.

Grundbegriffe: Linksversetzung, Vor-Vorfeld, Satztopik, Korrelat, Resumptiv.

Weiterführende Literatur: Altmann (1981), Frey (2004, 2005) Müller (2003).

4.2 Am linken Rand von MF – Wackernagelposition

Treten im MF unbetonte pronominale Elemente auf, so müssen diese unmittelbar an der Spitze des Mittelfelds positioniert werden (69a) vs. (69b) – in der s.g. Wackernagelposition (= WP; benannt nach Jakob Wackernagel, dessen Beobachtung als Wackernagels Gesetz bezeichnet wird). Darüber hinaus haben wir in § 3.5 beobachten können, dass die Abfolge der nominalen Elemente im Deutschen relativ frei, die Abfolge der Pronomina hingegen streng serialisiert ist: NOM<AKK<DAT (69c, d).

(69) a. [$_{VF}$ Schenken] [$_{LSK}$ wird] [$_{MF}$[$_{WP}$ *er ihnen*] den Hund nicht] [$_{RSK}$ dürfen].
b. *[$_{VF}$ Schenken] [$_{LSK}$ wird] [$_{MF}$[$_{WP}$ *er*] den Kindern *ihn* nicht] [$_{RSK}$ dürfen].
c. *[$_{VF}$ Schenken] [$_{LSK}$ wird] [$_{MF}$[$_{WP}$ *ihnen ihn er*] nicht] [$_{RSK}$ dürfen].
d. *[$_{VF}$ Schenken] [$_{LSK}$ wird] [$_{MF}$[$_{WP}$ *ihn ihnen er*] nicht] [$_{RSK}$ dürfen].
e. [$_{VF}$ Schenken] [$_{LSK}$ wird] [$_{MF}$ Hans *ihnen* den Hund nicht] [$_{RSK}$ dürfen].

Das nicht pronominale Subjekt nimmt hier eine Sonderstellung ein (69e), weil das Subjekt den Pronomen in WP vorausgehen kann (s. Sternefeld 2006: 352ff.). Einige weitere Faktoren, die für die Wortstellungsvariation als zentral erachtet werden, wurden ja bereits in § 3.4 thematisiert. Wir wollen aber festhalten, dass uns dies nicht dazu veranlasst, MF weiter zu zergliedern als in folgender Abbildung geschehen.

VF	LSK	WP	MF	RSK
Schenken	wird	*er ihnen*	den Hund nicht	dürfen.
Schenken	wird	*er ihn ihnen*	nicht	dürfen.
Schenken	wird	*er*	den Kindern den Hund nicht	dürfen.
Schenken	wird	*ihnen*	der Hans den Hund nicht	dürfen.
Schenken	wird	*ihn*	der Hans den Kindern nicht	dürfen.

Tabelle 20: Erweitertes Grundmodell – Wackernagelposition

Vorfeld	Linke Satzklammer	WP	Mittelfeld	Rechte Satzklammer	Nachfeld

Abbildung 7.2: Erweitertes topologisches Grundmodell

Grundbegriffe: Wackernagelposition.

Weiterführende Literatur: Lenerz (1993), Sternefeld (2006: 352ff.).

4.3 Am linken Rand von RSK – Oberfelderöffnung

Zugegebenermaßen wird die Stellung – genauer die Syntax – der infiniten Verbformen als ein schwieriges Thema in der einführenden Literatur gern verkürzt oder ganz vermieden. Wir glauben aber, dass man dieses Thema sowohl anschaulich als auch für den Leser gewinnbringend erläutern kann. Warum wir das glauben, hängt mit der – sagen wir – verblüffenden Systematik der Infinitive in Form und Abfolge zusammen, die beispielhaft für lineare Strukturbildung ist. Linearität – also das Hintereinander von Elementen – und Strukturhaftigkeit scheinen sich ja eigentlich zu widersprechen, aber die Abfolgemuster der verbalen Elemente innerhalb von RSK lassen eben auf Struktur schließen.

In RSK treten (neben unmittelbar mit Verben verknüpften trennbaren Partikeln wie *mit* bei *mitdenken*) i.d.R. nur verbale Ausdrücke auf. Die Umkehrung gilt allerdings nicht, wie wir schon beobachtet haben: verbale Ausdrücke treten auch in anderen Positionen auf; das finite Verb in LSK und das infinite Verb in VF und unter bestimmten Bedingungen auch in MF und NF – dazu später mehr.

57

Kommen wir zur Unterscheidung zwischen finiten und infiniten Verbformen: Das finite Verb trägt Konjugationsmerkmale, das infinite Verb trägt keine und ist damit bzgl. der folgenden flexionsmorphologischen Kategorien unmarkiert.

Flexionsmorphologische verbale Kategorien
(70) a. Tempus (Präsens/Präteritum)
     b. Modus (Indikativ/Konjunktiv/Imperativ)
     c. Person (1., 2., 3.)
     d. Numerus (Singular/Plural)

Infinite Verben, die von anderen Verben abhängig sind, werden auch als **Supina** bezeichnet. Trotz des Fehlens flexionsmorphologischer Markierung ist das Supinum aber nicht gänzlich unmarkiert, sondern kann in drei Formen im Deutschen auftreten – von Bech (1955/57) als **Status** bezeichnet: reiner Infinitiv, *zu*-Infinitiv und Partizip Perfekt.

Form	Supinum	Status	Bildung
reiner Infinitiv	*lieben*	1. Status	V-Stamm + (*e*)*n*
zu-Infinitiv	*zu lieben*	2. Status	*zu* + V-Stamm + (*e*)*n*
Partizip Perfekt	*geliebt*	3. Status	(*ge*) + V-Stamm + (*e*)*t*/(*e*)*n*

Tabelle 21: Supina und Bildung der Status

Befinden sich neben dem finiten Verb noch weitere Verben innerhalb des Satzes, dann sind Supina ihrer Form nach durch das jeweils übergeordnete Verb bestimmt. Wir können auch sagen **regiert**, wie (71)-(73) zeigen. Die Form, in der ein Infinitiv dann auftritt, wird nach Bech (1955/57) als **Status** bezeichnet. Betrachten wir die folgenden Beispiele, besteht kein Zweifel, dass wir als kompetente Sprecher des Deutschen genau die Grammatikalitätsurteile teilen, die hier vorgenommen werden können:

Rektion durch Modalverben
(71) a. Er *will*   √*kommen.*   (1. Status = (1))
     b. Er *will*   **zu kommen.*   (2. Status = (2))
     c. Er *will*   **gekommen.*   (3. Status = (3))

Rektion durch Vollverben
(72) a. Er *wünscht*   **kommen.*   (1. Status)
     b. Er *wünscht*   √*zu kommen.*   (2. Status)
     c. Er *wünscht*   **gekommen.*   (3. Status)

Rektion durch Auxiliare
(73) a. Er *ist*   **kommen.*   (1. Status)
     b. Er *ist*   **zu kommen.*   (2. Status)
     c. Er *ist*   √*gekommen.*   (3. Status)

Die für die Grammatikalität von (71)-(73) verantwortlichen Regeln können wir wie folgt fassen: Modalverben wie *wollen* regieren den 1. Status bzw. den reinen Infinitiv, Vollverben wie *wünschen* den 2. Status bzw. den *zu*-Infinitiv und Auxiliare den 3. Status bzw. das Partizip Perfekt (= PII). Die Fähigkeit, bestimmte Status zu regieren, ist eine **idiosynkratische** Eigenschaft eines Verbs, denn als kompetente Sprecher „wissen" wir, welcher Verbtyp welchen Status regiert. Die Relation zwischen den Verben, die die Form und auch deren Abfolge (74) bestimmt, ist somit durch Rektion determiniert und wird als **Statusrektion** bezeichnet. In der linearen Abfolge steht i.d.R. das regierte vor dem regierenden Verb.

Statusrektionsrichtung (von rechts nach links)

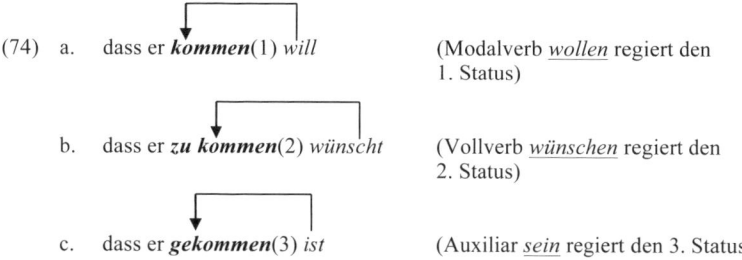

(74) a. dass er **kommen**(1) *will* (Modalverb *wollen* regiert den 1. Status)

b. dass er *zu* **kommen**(2) *wünscht* (Vollverb *wünschen* regiert den 2. Status)

c. dass er **gekommen**(3) *ist* (Auxiliar *sein* regiert den 3. Status)

Die Statusrektionsrichtung verläuft somit von rechts nach links – entgegen der Äußerungsrichtung. Eine erste nur scheinbare Besonderheit zu der linearen Abfolge statusregierter Verben bildet der erweiterte Infinitiv (eingeklammert):

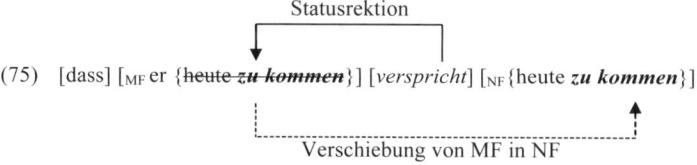

(75) [dass] [_MF er {heute *zu kommen*}] [*verspricht*] [_NF{heute *zu kommen*}]

Verschiebung von MF in NF

Wie alle satzartigen Konstruktionen, kann auch er in NF stehen bzw. von MF in NF verschoben werden. Wir können beobachten, dass von der Verschiebung in NF die Statusrektion nicht beeinträchtigt wird; Vollverben regieren den 2. Status.

Es können auch ganze Verbketten gebildet werden, die miteinander durch Statusrektion verbunden sind; eine solche Kette wird als **hypotaktische Kette** bezeichnet; ein Verb verliert auch dann nicht seine Fähigkeit, Status zu regieren, wenn es selbst einen Status trägt. Das Finitum *habe* in (76) ist natürlich nicht statusmarkiert (erhält deshalb die Kennzeichnung „0"). Hier bildet das Finitum den Ausgangspunkt der hypotaktischen Kette (markiert durch den hochgestellten Index mit dem Rang „1"). Für jedes von einem Regens regierte Verb der Kette erhöhen wir jeweils den Rang:

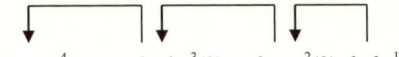

(76) dass ich ihn *bleiben*⁴(1) *zu dürfen*³(2) *gebeten*²(3) *habe*¹(0)

(77) Hypotaktische Kettenbildung im Nebensatzmuster
habe = $V_2(0)$ regiert den 3. Status von *gebeten*
gebeten = $V_3(3)$ regiert den 2. Status von *zu dürfen*
zu dürfen = $V_4(2)$ regiert den 1. Status von *bleiben*
bleiben = $V(1)$ regiert kein weiteres Verb

Innerhalb von RSK gehen i.d.R. die regierten Verben den regierenden Verben in der linearen Abfolge voraus. Eine zweite ebenfalls nur scheinbare Besonderheit zur Abfolge bei Statusrektion bildet die Abfolge im Hauptsatz, wo das Finitum in LSK auftritt (78):

(78) Hypotaktische Kettenbildung im Hauptsatzmuster
a. Er [$_{LSK}$ *sitzt*¹]
b. Er [$_{LSK}$ *bleibt*¹] [$_{RSK}$ *sitzen*²]
c. Er [$_{LSK}$ *darf*¹] [$_{RSK}$ *sitzen*⁴ *bleiben*³]
d. Er [$_{LSK}$ *bittet*¹] [$_{RSK}$ *sitzen*⁵ *bleiben*⁴ *zu dürfen*³]
e. Er [$_{LSK}$ *hat*¹] [$_{RSK}$ *sitzen*⁶ *bleiben*⁵ *zu dürfen*⁴ *gebeten*³]
f. Er [$_{LSK}$ *soll*¹] [$_{RSK}$ *sitzen*⁷ *bleiben*⁶ *zu dürfen*⁵ *gebeten*⁴ *haben*³]

Wir beobachten auch hier, dass von der Verschiebung des Finitums nach LSK die Statusrektion nicht beeinträchtigt wird; je nach Verbtyp (Voll-, Modalverb oder Auxiliar) regiert das Finitum den jeweiligen Status: Im Nebensatzmuster können wir aber neben der kanonischen Platzierung (= Positionierung der Verben in Statusrektionsrichtung von rechts nach links) auch eine systematische Abweichung beobachten – das höchste regierende Verb kann fakultativ auch an die Spitze von RSK treten:

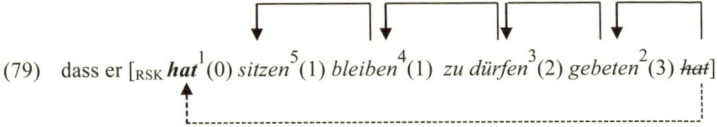

(79) dass er [$_{RSK}$ ***hat***¹(0) *sitzen*⁵(1) *bleiben*⁴(1) *zu dürfen*³(2) *gebeten*²(3) ~~*hat*~~]

Bech bezeichnet RSK als Schlussfeld, das weiter in ein Oberfeld (= OF) und ein Unterfeld (= UF) zu trennen ist. Die Position an der Spitze von RSK ist das Oberfeld; folglich geht OF UF voraus (s. Pafel 2009 für die Einordnung von OF und UF in das topologische Modell).

60

VF	LSK	MF	Oberfeld	RSK (= Schlussfeld) Unterfeld
Er	hat[1]			sitzen[5] bleiben[4] zu dürfen[3] gebeten[2]
	dass	er		sitzen[5] bleiben[4] zu dürfen[3] gebeten[2] hat[1]
	dass	er	hat[1]	sitzen[5] bleiben[4] zu dürfen[3] gebeten[2]
Er	soll[1]			sitzen[6] bleiben[5] zu dürfen[4] gebeten[3] haben[2]
	dass	er		sitzen[6] bleiben[5] zu dürfen[4] gebeten[3] haben[2] soll[1]
	dass	er	soll[1]	sitzen[6] bleiben[5] zu dürfen[4] gebeten[3] haben[2]

Tabelle 22: RSK als Schlussfeld mit Ober- und Unterfeld

Die Platzierung in OF – genannt Oberfelderöffnung – ist in den Beispielen in Tab. 22 fakultativ, d.h. dass Verben nicht obligatorisch in OF auftreten müssen. Darüber hinaus gilt, dass bei der OF-Eröffnung mindestens zwei Verben im Schlussfeld auftreten müssen und UF nach der Besetzung von OF durch ein Verb schwerer sein muss, womit die Umstellung bei nur zwei Unterfeldelementen ungrammatisch ist (80b). Ebenso ist ein leichteres UF ungrammatisch (81c):

		OF	UF
(80)	a. dass er die Aufgabe		gekonnt *hat*
	b. *dass er die Aufgabe	*hat*	gekonnt

		OF	UF
(81)	a. dass er sie		gesehen haben *will*
	b. dass er sie	*will*	gesehen haben
	c. *dass er sie	*will haben*	gesehen

Das Deutsche kennt aber auch eine obligatorische Oberfelderöffnung und zwar immer dann, wenn folgende Bedingungen zutreffen:

1. Ein Auxiliar regiert ein Modalverb und
2. das Modalverb seinerseits regiert ein Vollverb.

		OF	UF
(82)	a. *dass er die Analyse		verstehen gewollt hat
	b. ?dass er die Analyse		verstehen wollen hat
	c. √dass er die Analyse	*hat*	verstehen *wollen*

Wir beobachten, dass unter den o.g. Bedingungen in (82a) das Auxiliar *hat* weder den 3. Status des Modalverbs regieren kann, noch ausschließlich die Besetzung von UF möglich ist (82b), obwohl (82b) i.A. von Sprechern besser bewertet wird als (82a). Ersetzt man aber sowohl den 3. Status des Modalverbs durch den 1. Status und verschiebt das Auxiliar in OF, ist die Konstruktion grammatisch: dieser Statuswechsel plus die Umstellung in OF wird als **Ersatzinfinitiv** bezeichnet (allgemein wird die Umstellung in OF nicht von der Ersatzinfinitivdefinition erfasst, so auch nicht bei Bußmann 2008). Aber auch die Ersatzinfinitivkonstruktion tritt – außer bei Modalverben (82) – im Standarddeutschen nur fakultativ auf, und zwar unter der Bedingung, dass folgende Verben aufeinandertreffen:

- Ein Auxiliar regiert ein Wahrnehmungsverb wie *sehen* und *hören* oder das Verb *lassen* und
- das Wahrnehmungsverb oder *lassen* seinerseits regiert ein Vollverb.

(83) a. dass er sie *singen gehört hat*
 b. dass er sie **hat** *singen* **hören**

(84) a. ?dass er den Wagen *reparieren gelassen hat*
 b. dass er den Wagen **hat** reparieren **lassen**/dass er sie **hat** gehen **lassen**

Bei (84a) vs. (84b) ergeben sich durch die Ersatzinfinitivkonstruktion jeweils unterschiedliche Lesarten von *lassen*: (84a) kann interpretiert werden als *zulassen* und *veranlassen*, (84b) weist scheinbar auf den Verlust der *veranlassen*-Lesart hin.

Wie wir bereits in (75) und auch in (79) sehen konnten, kann die Abfolge der Verben, die untereinander durch Statusrektion verbunden sind, variieren – was wir als **abgeleitete Verbabfolgen** bezeichnen: Da ist zunächst die Positionierung des Finitums in LSK beim Hauptsatzmuster, die Positionierung eines (erweiterten) Infinitivs in MF (85) oder in NF (86), (87).

(85) dass ich {Blumen *zu gießen*} gestern {Blumen *zu gießen*} vergaß

(86) dass ich {Blumen *zu gießen*} vergaß, {Blumen *zu gießen*}

(87) Ich {habe} {bleiben zu dürfen} gebeten {habe}, {bleiben zu dürfen}

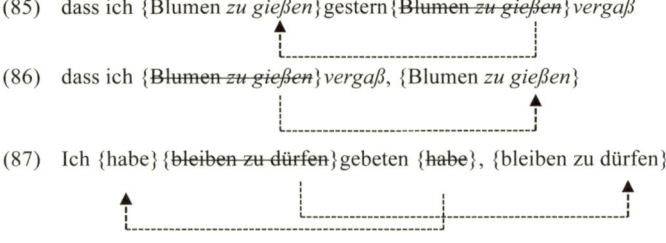

Die Umstellungen sind leicht nachzuvollziehen; die Umstellung nach LSK betrifft nur das Finitum, die ins NF betrifft nur den 2. Status – natürlich mitsamt den Verben, die ggf. noch vom *zu*-Infinitiv regiert werden. Verben im 1. oder 3. Status können dagegen nicht im NF positioniert werden – und sind damit nicht nach rechts verschiebbar:

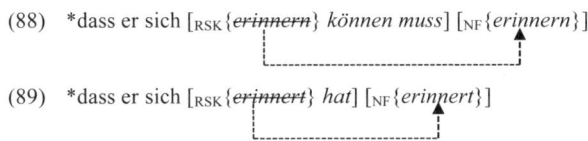

Treten im Satz die Verben innerhalb des Schlussfeldes auf (im VE-Satz tritt das Finitum in RSK auf; im V2- oder V1-Satz befindet sich das Finitum in LSK), dann sprechen wir von einer **kohärenten Konstruktion** – die Verbkette ist weder durch nichtverbales Material unterbrochen (85), noch ist der *zu*-Infinitiv nachgestellt wie in (86) und (87). Treten dagegen nichtverbale Ausdrücke zwischen den durch Statusrektion verbundenen Verben auf, können wir i.d.R. darauf schließen, dass nicht alle Verben innerhalb ein und desselben Schlussfeldes (= RSK) auftreten (85)-(87). Hier liegt dann eine nicht zusammenhängende s.g. **inkohärente Konstruktion** vor.

Weiter gilt: Wann immer regierte Verben (außer bei OF-Besetzung) nicht ihrem Rang entsprechend ihrem regierenden Verb (Regens) vorausgehen, dann können sich diese Verben nicht innerhalb eines Schlussfeldes befinden, so in (86) und (87), sondern sie befinden sich im Nachfeld. Wie wir in (88) und (89) sehen konnten, betrifft das nur den 2. Status – zusammengestellt in Tab. 23:

Kohärenz	LSK	MF	RSK	NF
√	dass	sie ihn	zu vergessen versucht hat	
NF-Inkohärenz mit erweitertem *zu*-Infinitiv	dass	sie	versucht hat	**ihn** zu vergessen
MF-Inkohärenz	dass	sie ihn zu vergessen nie	versucht hat	

Tabelle 23: Verben in kohärenter und inkohärenter Konstruktion

- 1. Status: Tritt in UF oder OF auf, nie aber in MF und NF.
- 2. Status: Tritt in UF, in MF und in NF auf, aber nie in OF.
- 3. Status: Tritt in UF auf, nie aber in OF, MF und NF.
- **Kohärent** und damit **nichtsatzwertig** konstruieren 1. und 3. Status. Der *zu*-Infinitiv (2. Status) kann kohärent konstruieren, wenn er in RSK in Statusrektionsabfolge vor seinem Regens auftritt (Tab. 23, Z1).
- **Inkohärent** und damit **satzwertig** kann nur der *zu*-Infinitiv konstruieren, wenn er a) extraponiert im Nachfeld platziert ist – zu erkennen an der invertierten Statusrektionsabfolge zwischen Regens und regiertem Verb und ggf. an der Unterbrechung der Verbgruppe (Tab. 23, Z2) –, oder b) wenn der *zu*-Infinitiv intraponiert in MF platziert ist und die Verbkette ebenfalls unterbrochen ist (Tab. 23, Z3).

Es ergeben sich damit folgende Erweiterungen des Grundmodells:

Vorfeld	Linke Satzklammer	Mittelfeld	Rechte Satzklammer		Nachfeld
			Oberfeld	Unterfeld	

Abbildung 7.3: Erweitertes topologisches Grundmodell

Grundbegriffe: Supinum, Status, Statusrektion, hypotaktische Kette, Schlussfeld, Oberfeld, Unterfeld, Ersatzinfinitiv, kohärente Konstruktion (= Kohärenz), inkohärente Konstruktion (= Inkohärenz).

Einführende Literatur: Wöllstein-Leisten et al. (1997), Sternefeld (2006: 203, 298, 417).

Weiterführende Literatur: Bech [1955/57] (1983²), Haider (2003, 1994), Wöllstein-Leisten (2001).

Aufgabe:
a) Legen Sie Status und Rang der Verben innerhalb der hypotaktischen Kette fest. Kennzeichnen Sie auch das Finitum. Leiten Sie aus den grammatischen und ungrammatischen Abfolgen die Regel für die Linearisierung innerhalb von RSK ab.
    a. dass er zu kommen gewünscht haben soll
    b. ?dass er soll zu kommen gewünscht haben
    c. *dass er haben soll zu kommen gewünscht
    d. *dass er haben soll gewünscht zu kommen
    e. *dass er zu kommen haben soll gewünscht
    f. *dass er gewünscht zu kommen soll   haben

b) Legen Sie mit Hilfe der Rektionsbeziehungen dar, in welchem Feld die (erweiterten) Infinitive auftreten und geben Sie für die folgenden Sätze an, ob sie kohärent oder inkohärent konstruieren.

a. und wenn Adalbert König glaubte mit Gewalt in den Lauf der Dinge eingreifen zu können
b. wo man meint sich fallen lassen zu müssen
c. dass er uns mit den wildesten Summen zu zwingen sucht eine sofortige Heilung durchzusetzen
d. dass wir trotz der Not unseren Mut nicht sinken lassen

4.4 Koordinierte Sätze

Erinnern wir uns an die komplexen Sätze, die wir bereits in § 1.4 betrachtet haben, so konnten wir Gliedsätze als eingebettete Sätze innerhalb des topologischen Grundmodells – unter bestimmten Beschränkungen – in den Felderpositionen platzieren, sodass selbsteinbettende Strukturen erzeugt wurden, vgl. § 2.3.

Vorfeld					LSK	Mittelfeld					RSK	Nachfeld				
VF	LSK	MF	RSK	NF		VF	LSK	MF	RSK	NF		VF	LSK	MF	RSK	NF

Abbildung 8: Topologisches Modell als selbsteinbettende Struktur

Bei der etwas genaueren Betrachtung des topologischen Grundmodells haben wir Erweiterungen einzelner Felder somit innerhalb der eigentlichen Satzgrenze vorgenommen.

Damit die Theorie der topologischen Felder nicht nur auf die drei Satztypen angewendet werden kann, sondern Sätze – unabhängig von deren Komplexität – vollständig analysiert werden können, ist für Höhle (1986) neben einer adäquaten Theorie der Einbettung von Sätzen auch eine Theorie der Beiordnung erforderlich: „So, wie z.b. Nominalphrasen, die innerhalb eines Satzes […] eine syntaktische Funktion haben, in einem topologischen Abschnitt dieses Satzes (dieser Wortgruppe) stehen, so stehen auch Sätze, die innerhalb eines Trägersatzes (oder einer anderen Wortgruppe) eine syntaktische Funktion haben, in einem topologischen Abschnitt dieses Trägersatzes (dieser Wortgruppe)." (Höhle 1986: 333). Die topologische Analyse einer Beiordnungsstruktur erfordert aber entsprechende Erweiterungen des topologischen Satzschemas. Koordinierte Sätze werden strukturell wie auch semantisch nicht subordiniert, sondern sind einander nebengeordnet, d.h. es werden zwei satzwertige Strukturen miteinander auf der gleichen syntaktischen Ebene verknüpft, sodass $S_0 = S_1$, S_2, und S_2 fakultativ durch ein KOORD-Element eingeleitet wird.

S_1						S_2				
VF	LK	MF	RK	NF	Koordination *und/oder/...*	VF	LK	MF	RK	NF

Abbildung 9: Nebenordnung im topologischen Modell

Typischerweise treten zwischen den Konjunkten einer Beiordnungsstruktur koordinierende Satzverknüpfer bzw. Konjunktoren auf. Darüber hinaus sind kanonische Nebenordnungsstrukturen bezüglich ihrer Verbstellung i.d.R. symmetrisch organisiert, wie Tab. 24 zeigt. Treten Nebenordnungsstrukturen frei auf, weisen sie i.d.R. keine Nebensatzwortstellung auf.

VF	LK	MF	RK	NF	KOORD	VF	LK	MF	RK	NF
Ich	trinke	noch ein Bier			*und*		dann	gehe		ich.
	Lacht	sie			*und/oder*		weint			sie?
	Friss				*und/oder*		stirb!			
Der Mond	scheint				*aber*	man	sieht	die Hand vor Augen nicht.		
	dass /weil /ob	ich noch ein Bier trinke			*und*		(dass /weil /ob)	ich dann	gehe	
	dass	der Mond	scheint		*aber*		(dass)	man die Hand vor Augen nicht	sieht	

Tabelle 24: Beispiele nebengeordneter Satzstrukturen

Welche Struktur ordnet man aber Sätzen zu, die eindeutig semantisch untergeordnet sind, deren Satzeinleiter aber nicht die kanonische VE-Struktur verlangt, sondern wie in Hauptsätzen eine V2-Struktur? Solche Satzverknüpfer mit klar semantischer Unterordnung des Folgesatzes sind u.a. *denn* (adverbialer Kausalsatz) und *weil/obwohl* (adverbialer Kausal- bzw. Konzessivsatz); *weil/obwohl* sind Ausdruck eines Sprachwandelphänomens, das sich im Gegenwartsdeutschen vollzieht. Zunehmend entwickelt sich die V2-Variante mit einer spezifischen kausalen/konzessiven Bedeutung neben *weil/obwohl* mit VE-Struktur; *weil/obwohl*-V2 lässt sich im topologischen Modell nicht als Einbettungsstruktur analysieren, sondern parallel zu einer Koordinationsstruktur, weil sie wie die Konjunkte koordinierter Sätze nicht initial vorkommen können – anders als rein parataktische Strukturen, die permutierbar sind:

(90) a. Hans ist gegangen, weil sein Mantel ist weg.
 b. *Weil sein Mantel ist weg, ist Hans gegangen.

(91) a. Es ist schön hier, aber wir müssen gehen.
 b. *Aber wir müssen gehen, es ist schön hier.

Wir folgen Höhle (1986) und ordnen *denn*, *weil*, *obwohl* etc als parordinierende Satzverknüpfer analog zu Beiordnungsstrukturen ein (s. Abb. 10) – Beispiele dazu zeigt Tab. 25:

S_1					S_2				
VF	LK	MF	RK	NF	PARORD *denn* *weil* + V2 *obwohl* + V2	VF	LK	MF	RK	NF

Abbildung 10: Strukturelle Nebenordnung bei semantischer Unterordnung

VF	LK	MF		RK	NF	PARORD	VF	LK	MF			RK	NF
Ich	trinke	noch ein	Bier			*denn*	du	bestellst	ja noch	einen	Wein.		
Nimm	dir	einen	Schirm	mit		*weil*	es	soll	heute	noch	regnen.		
Ich	nehme	immer	einen Schirm	mit		*obwohl*	ich	lasse	ihn so oft		liegen.		

Tabelle 25: Beispiele parordinierender Satzstrukturen

Die Satzkoordination wird also nicht als Einbettungsstruktur analysiert, obwohl – wie auch bereits (91) zeigte – der Konjunktor mit dem Folgekonjunkt eine Konstituente bildet. Das können wir daran erkennen, dass allenfalls die Verwendung bestehend aus Konjunktor mit Folgekonjunkt grammatisch ist (und eine Konstituente bildet), aber nicht diejenige aus Erstkonjunkt mit Konjunktor. Damit ist sowohl KOORD als auch PARORD Teil von S_2:

(92) a. [S_0 [S_1 Die Erde ist keine Scheibe] [S_2 und [sie dreht sich um die Sonne]]].
b. Und sie dreht sich um die Sonne.
c. *Die Erde ist keine Scheibe und.

Die Satzkonstituente (92b) kann frei, d.h. ohne Erstkonjunkt vorkommen, wenn ein inhaltlicher Bezug zu einem möglichen „Konjunkt" im Diskurs zur Verfügung steht, bzw. im unmittelbar zuvor etablierten Diskurs gefunden werden kann. Sätze wie (92b) versteht man dann als Anschlüsse zu der zuvor im Diskurs gesetzten Information. Konjunktoren wie *und, aber, denn* treten somit als s.g. **Diskurskonjunktionen** auf. Entsprechend nehmen wir erneut eine Erweiterung des Grundmodells für den einfachen Satz vor.

Anschlussposition (= AN) im einfachen Satz				
und/oder/... VF	LK	MF	RK	NF

Abbildung 11: Diskurskonjunktion auf Anschlussposition

Alle Satztypen (sogar bei Linksversetzung) verfügen über eine mögliche Anschlussposition.

(93) V2-Satztyp:
    a. AN LV   VF   LSK   MF   RSK   NF
    a.' Aber den Hund, den   darf   ich   mitbringen   zu euch.

    V1-Satztyp
    b. AN LV   LSK   MF   RSK   NF
    b.' Und den Hund,   darf   ich den mitbringen zu euch?

    VE-Satztyp
    c. AN LV   LSK   MF   RSK
    c.' Aber den Hund,   dass   ich den mitbringen darf!

Grundbegriffe: Konnekt(or), Konjunkt(or), Diskurskonjunktion, Symmetrie, Koordination, Koord-/Parord-Position, Anschlussposition.

Einführende Literatur: Höhle (1986).

Weiterführende Literatur: Pasch et al. (2003), Zifonun et al. (1997: Bd. 3 H); speziell zu *weil*-V2: Günthner (1993), Wegener (1993).

4.5 Linke Satzperipherie – Außenfeld

Bei Linksversetzung wird angenommen, dass der linksversetzte Ausdruck, wie andere Typen mehrfacher satzinitialer Besetzung, als in den Satz integriert gilt. (96a) zeigt einen Fokusausdruck im VF, der das Folgeelement fokussiert. (96b) zeigt eine enge Apposition.

(96) a. **NUR/VERMUTLICH** HANS hat uns das eingebrockt.
     b. Obama, neuer Präsident der Vereinigten Staaten, imponierte vielen mit seinen Visionen.

Satzinitiale vokativische Nominalphrasen gelten als topologisch eher nicht integriert, worauf das V2-Muster im Folgesatz hindeutet (97a, b, c) sowie deren intonatorische Abgrenzung „∥" – entgegen satzfinalen vokativischen Nominalphrasen, die prosodisch eher weniger abgegrenzt sind vom Bezugssatz – intonatorische Abgrenzung ist grammatisch eher weniger akzeptabel, s. (97a', b', c').

(97) a. **Du Schussel** ∥ jetzt hast du die Milch überkochen lassen.
 a.'. Jetzt hast du die Milch überkochen lassen, (?? ∥) **du Schussel**.
 b. **Herr Kollege** ∥ welchen Vorschlag haben sie?
 b.' Welchen Vorschlage haben sie, (?? ∥) **Herr Kollege**?
 c. **Alex** ∥ du solltest jetzt packen.
 c.' Du solltest jetzt packen, (?? ∥) **Alex**.

Entgegen Beispielen für Mehrfachbesetzung werden Parenthesen wie in (98a) nicht als zum VF gehörig betrachtet, da sie in intonatorisch abgehobenen Parenthesenischen stehen und im umgebenden Trägersatz i.d.R. keine Satzgliedfunktion inne haben. Parenthesennischen sind nahezu überall im Satz möglich (98b-e).

(98) a. Hans – fürchte ich – hat uns das in seiner Voreiligkeit eingebrockt.
 b. Hans hat – fürchte ich – uns das in seiner Voreiligkeit eingebrockt.
 c. Hans hat uns das – fürchte ich – in seiner Voreiligkeit eingebrockt.
 d. Hans hat uns das in seiner Voreiligkeit – fürchte ich – eingebrockt.
 e. Hans hat uns das in seiner Voreiligkeit eingebrockt – fürchte ich.

Greifen wir nochmals die Linksversetzung aus § 4.1 auf: Bei Linksversetzung tritt obligatorisch eine (unmittelbar) dem Bezugselement folgende Proform auf, die dieselbe Satzgliedfunktion trägt wie die linksversetzte Konstituente (99). Die pragmatische Funktion der Linksversetzung gilt als die Festlegung eines **Satztopiks** (= LVT), das aber im Diskurs bereits besonders hervorgetreten ist. Das ist bei den Herausstellungskonstruktionen des Typs (100) nicht der Fall; mit diesem neuen **freien Topik** oder **hängenden Topik** (= HT) wird eine ganz neue Diskurseinheit – ein **Diskurstopik** – eingeführt. Zu erkennen ist die nur lose Anbindung zum bisherigen Diskurs am Intonationsbruch (= ∥) und der bisweilen nicht engen bzw. fehlenden Kongruenz zwischen Bezugselement und Proform. Man erinnere sich an die Anmerkung in § 4.1 zum folgenden Satz: *Seinen Hund, man <u>darf</u> **den** doch wohl mitbringen.* Dies kann als Beispiel für Kongruenz bei HTs herangezogen werden.

Kriterien gegen Linksversetzung liefern hier u.a. die Prosodie und das V2-Muster im Bezugssatz, wobei im VF nicht die Proform auftritt. Dem entgegen weist LVT einen gemeinsamen Tonverlauf mit dem Satz auf (= →). Prosodische Eigenständigkeit erlangt HT darüber hinaus durch einen eigenen fallenden oder steigenden Tonverlauf – unabhängig vom Restsatz. Ebenso ist zweimalige Akzentuierung (angezeigt durch Kapitälchen) einer Konstituente möglich – was im Satz sonst nur einmalig möglich ist.

(99) [*Diesen Kater*]$_{LVT}$ → [*den*] fütterst du besser nicht.↓

(100) a. [*DIeser Kater*]$_{HT}$↑/↓   [*DEN*] fütterst du besser nicht.↓
      b. [*DIeser Kater*]$_{HT}$↑/↓   du fütterst *ihn* BESSER nicht.↓
      c. [*Was DIEsen Kater betrifft*]$_{HT}$↑/↓   ICH würde *den* impfen lassen.↓

Wir fassen die Eigenschaften von LVT und HT zusammen:

	LVT	HT
Satzgliedfunktion	Syntaktisch echter Teil	Syntaktisch unabhängig
Morphologie	Kongruenz obligatorisch	Kongruenz optional
Prosodie	prosodisch integrierter gemeinsamer Tonverlauf von LVT und Satz „→"	prosodisch abgegrenzte eigenständige Einheit „‖" mit ↓ fallendem oder ↑ steigendem Ton nach HT.
Diskursfunktion	Thematisierung – Satztopik	Thematisierung – Diskurstopik
Wirkungsweise	lokal im Satz	global im Diskursabschnitt
Fazit	*Integration*	*Desintegration*

Tabelle 26: Vergleich LVT und HT

Neben den nichtsatzwertigen unintegrierten Konstituenten verfügt das Deutsche auch über satzwertige Herausstellungen: Unabhängige Deklarativsätze erkennt man im Deutschen daran, dass ein V2-Muster vorliegt. Sätze oder kleinere Konstituenten, die in der linearen Abfolge vor einer V2-Struktur vorkommen, treten dann regulär außerhalb der Satzstruktur ihres „Bezugssatzes" auf. Treten Sätze innerhalb der Satzstruktur (im VF oder VVF) auf, gilt das i.d.R. als klares Zeichen für Einbettung/Subordination. Wir sprechen hier auch von **Integration** (101). Aber neben den klar eingebetteten integrierten Sätzen können wir im Deutschen (und auch in anderen V2-Sprachen) Abweichungen von diesem Muster beobachten, dann folgt dem Initialsatz entweder ein Resumptivpronomen (*dann, so*), das im VF des Bezugssatzes auftritt, oder aber der Initialsatz geht einer regulären V2-Struktur voraus. König/van der Auwera (1987) bewerten das als **Desintegration** des Initialsatzes (102). Wir beschränken uns für den syntaktischen Nachweis von Desintegration zunächst auf prosodische Eigenschaften, die in (102) parallel zu HT-Konstruktionen vorliegen (mehr zu syntaktischen Eigenschaften bei (Des-)Integration, s. § 4.6): kein progredienter Tonhöhenverlauf, sondern intonatorischer Bruch und mehr als einmalige Fokussierung (= Fokus-Hintergrund-Gliederung). Integrierte Satzstrukturen verfügen nicht über diese prosodischen Merkmale – was deren Ungrammatikalität zeigt, wenn Intonationsbruch, mehrmalige Fokussierung und eigenständiger Tonverlauf erzwungen werden.

(101) a. *ObWOHL es regnet, ↑/↓ ‖ gehen WIR wandern.
 b. *Selbst WENN alle Stricke reißen, ↑/↓ ‖ halten wir AUCH noch zu dir.
 c. *Wenn das MEIN Hund wäre, ↑/↓ ‖ würde ich ihm KEINEN Zucker geben.

(102) a. ObWOHL es regnet, ↑/↓ ‖ WIR gehen wandern.
 b. Selbst WENN alle Stricke reißen, ↑/↓ ‖ so halten wir erst RECHT zu dir.
 c. Wenn das MEIN Hund wäre, ↑/↓ ‖ ICH würde ihm keinen Zucker geben.
 (Bsp. von König/van der Auwera (1987))

Die prosodischen Eigenschaften desintegrierter Strukturen, die zu zwei FHGs in (102) führen, rechtfertigen somit die Annahme eines weiteren linksperipheren **Außenfelds** (= AF) vor dem Vorfeld. Außenfeld und Linksversetzung/Vor-Vorfeld sind aber keineswegs komplementär verteilt: Selbst wenn es AF gibt, kann es auch ein LVT in der **linken Satzperipherie** geben: [_AF_Wenn das sein Hund wäre,] [_VVF_der Chef,] [_VF_der] würde ihm keinen Zucker geben. Die linke Satzperipherie ist grau unterlegt.

Außenfeld	VF	Linke Satzklammer	Mittelfeld	Rechte Satzklammer	Nachfeld

Abbildung 12: Linke Satzperipherie mit Außenfeld bei Desintegration

Die Tabelle zeigt die Einordnung prosodisch unintegrierter Konstituenten im erweiterten Grundmodell:

AF (in der linken Peripherie)	VF	LSK	MF	RSK
Wenn das mein Hund wäre,	ich	würde	ihm keinen Zucker	geben.
Dieser Kater,	ich	würde	ihn	impfen.

Tabelle 27: Außenfeld für unintegrierte Konstruktionen

Zifonun et al. (1997), die wie wir einen engen Vorfeldbegriff favorisieren (VF ist nur mit einer einzigen Konstituente besetzt.), subsummiert Einheiten unter dem Begriff **linkes Außenfeld** (= LAF), denen wir unterschiedliche Felder zugewiesen haben. Wie in Tab. 28 klar zu sehen ist, entsprechen innerhalb von LAF einige Positionen genau auch unseren Feldern: AN, AF und LV (wobei

AN < AF, AN < LV und nicht gleichzeitig AF und LV). In Zifonun et al. (1997: 1577ff.) werden analoge LAF-interne Abfolgepräferenzen vorgenommen, s. Tab. 28 – was natürlich nicht bedeutet, dass es keine weiteren Abfolgen gibt, die z.b. durch Parenthesen erweitert sein können: *Aber, ach, was soll ich sagen, das Kind, es hat sich nicht mal mehr umgedreht.*
Die Topologie der linken Satzperipherie in Zifonun et al. (1997) und unsere Darlegungen sind – wie zu sehen ist – voll kompatibel. Zusätzlich wurden durch uns noch Unterschiede in den grammatischen Eigenschaften zwischen LVT- vs. HT-Konstruktionen hervorgehoben, s. Tab. 26. Im LAF (Tab. 28) wird dahingehend nicht unterschieden. Die Konstituenten in LVT- und HT-Konstruktionen werden analysiert in einer dem VF unmittelbar vorausgehenden LT/FT-Position:

Linkes Außenfeld (LAF)								
Int	Vok	Kjk	Konp	LT/FT	VF	LSK	MF	RSK
Ach			und		das	soll	ich	glauben?
Hi	Max					siehst	du mich?	
		Aber	immerhin		wir	leben	noch.	
			Also	den Hund,	den	kannst	du	mitbringen.
			Und	der Hund,	dem	würde	ich keinen Zucker	geben.
			Anschlussfeld	Außenfeld	Linksversetzung			

Tabelle 28: Vergleich Linkes Außenfeld und linke Satzperipherie für unintegrierte Konstruktionen (Erläuterungen: Int/Vok = interaktive Einheiten, Kjk, Konp = koordinierende Ausdrücke, LT/FT = linksangebundene/freie Thematisierungsausdrücke) Zifonun et al. (1997: 1580)

Grundbegriffe: Herausstellungskonstruktion, Proform, linksversetztes Topik, hängendes Topik, Diskurstopik, Satztopik, linke (Satz-)Peripherie, Integration, Desintegration, (linkes) Außenfeld, Anschlussfeld, Fokus-Hintergrund-Gliederung, Fokussierung, Prosodie.

Einführende Literatur: Altmann/Hofmann (2008), Zifonun et al. (1997: E4, Abschnitt 3).

Weiterführende Literatur: Altmann (1981), Frey (2004, 2005), König/Van der Auwera (1987), Reis/Wöllstein (2009).

4.6 Rechte Satzperipherie – Nachstellung und Schlussstellung

So wie die linke Satzperipherie sehr viel komplexer ist – was wir in § 4.5 thematisiert haben –, ist auch die rechte Satzperipherie komplexer als bisher gezeigt. Mit Altmann/Hofmann (2008) werden wir einige allgemeine Eigenschaften für NF rekapitulieren bzw. Eigenschaften von Herausstellungskonstruktionen nach rechts kurz betrachten. Zunächst zum NF: Das Nachfeld ist in nahezu allen Konstellationen fakultativ. Im NF können i.d.R. nur nicht-fokussierte Ausdrücke stehen (PPs scheinen hier eine Ausnahme zu sein). Fokussiert werden können nur Einheiten, die sich vor der RSK befinden. Das Nachfeld dient meist der Entlastung bzw. Verkürzung des Mittelfeldes. Die linke Grenze von NF ist der klammerschließende Ausdruck – bei unbesetzter Klammer ist die Grenze gleichzeitig das Mittelfeldende. Die rechte Grenze ist das Satzende oder der Beginn der Herausstellungsstruktur nach rechts. Nach NF befindet sich das Feld für die **Rechtsversetzung** – analog zum **rechten Außenfeld** bei Zifonun et al. (1997) – danach folgt der **Nachtrag** (= NT). Der Nachtrag ist fokusmäßig abgegrenzt, intonatorisch hervorgehoben und bezieht sich auf einen im Trägersatz unmittelbar vorausgehenden fokussierten Ausdruck (*Er ist REICH,* [$_{NT}$ *und zwar SEHR reich*]). Relativ zu Tab. 29 wäre der Nachtrag hinter dem s.g. weiten NF anzusiedeln.

VF	LSK	MF	RSK	enges NF	rechtes AF	weites NF
Ich	habe	sie doch	gefragt	heute,	die Kinder,	ob wir gemeinsam kochen wollen.
Wir	wollen	doch gemeinsam	feiern	mit dir,	mein Sohn,	weil das dein 18. Geburtstag ist.
					nichterweiterte *zu*-Infinitive < *als/wie*-Phrase < PP < NP < AdjP/AdvP	

Tabelle 29: Rechte Peripherie (Zifonun et al. 1997: 1650) mit Abfolgetendenzen

Bei der Abfolge der Nichtsatzkonstituenten ist bemerkenswert, dass ebenso wie linksperipher auch rechtsperipher eine Proform mit anschließender NP mit Bezug zu dieser Proform auftreten kann (fett markiert). Links- vs. Rechtsversetzung unterscheiden sich dann insofern, als die linksversetzte Proform anaphorischen und die rechtsversetzte Proform kataphorischen Bezug zur NP aufweist.

Abfolgetendenzen lassen sich auch bei Komplement- vs. Nichtkomplementsätzen und bei Satz- vs. Nichtsatzkonstituenten beobachten: Finite VE-Komplementsätze und infinite Komplementsätze treten nur dann im weiten NF (= wNF) auf, wenn Nichtsatzkonstituenten (103a) vs. (103b) und Attributsätze nach RSK auftreten (103c) vs. (103d). Relativ zu Adverbialsätzen gehen sie voran und stehen im engen NF (= eNF), s. (103e) vs. (103f).

(103) a. Ich habe dir versprochen [$_{eNF}$ und dem Max], [$_{wNF}$ dass wir wandern gehen].
b. #Ich habe dir versprochen, [dass wir wandern gehen,] [und dem Max].
c. Ich habe dem Koch versprochen, [$_{eNF}$ der diese wunderbaren Soufflés zaubert,] [$_{wNF}$ dass ich das nächste Mal auch den Nachtisch bestelle].
d. #Ich habe dem Koch versprochen, [dass ich das nächste Mal auch den Nachtisch bestelle,] [der diese wunderbaren Soufflés zaubert].
e. Ich habe versprochen, [$_{eNF}$ dass wir wandern gehen,] [$_{wNF}$ obwohl es regnet].
f. #Ich habe versprochen, obwohl es regnet, dass wir wandern gehen.

Da die rechte Peripherie aber eine bevorzugte Position von Satzkonstituenten ist, möchten wir mögliche Beschränkungen für die Abfolge von Sätzen im Folgenden betrachten und dabei auch wieder Bezüge zur (Des-)Integration herstellen.

In Reis (1997, 2000) wurde beobachtet, dass bei Gliedsätzen (Komplement- und Adverbialsätzen) der Verbstellungstyp Einfluss auf die Integration in den Bezugssatz hat. Aufgrund ihres syntaktischen Integrationsverhaltens wird von Reis eine dreifache Unterscheidung bei nachgestellten Teilsätzen vorgeschlagen, die deren Integrationsverhalten widerspiegeln (Tab. 30). U.a. von Altmann (1981) und Reis (1997, 2000) wurden Diagnostiken für den Nachweis struktureller Integration bzw. für Gliedsatzstatus ermittelt, von denen wir drei an rechtsperipheren (und linksperipheren) Nebensätzen illustrieren. Wir beziehen linksperiphere V1-Sätze mit ein – obwohl sie eine eindeutige Stellungspräferenz nach links aufweisen –, weil sie damit für uns Beispiele für Desintegration von linksperipheren Sätzen sind und im Sinne des vorherigen Abschnitts dann Kandidaten für die Besetzung von LAF sind. Kommen wir zurück zu unseren Diagnostiken für Gliedsatzstatus und damit für syntaktische Integration: a) Frage-Antwort-Paare in elliptischen Konstruktionen (= Bezugssatzellipsen), b) Fokus-Hintergrund-Gliederung, c) vorhandene Korrelate im Bezugssatz. Betrachten wir zunächst rechtsperiphere aV2-Sätze und *dass*-Sätze: Sie verhalten sich nicht parallel bei elliptischen Antworten, vgl. (104a, b). Bei linksperipheren Sätzen beobachten wir denselben Kontrast zwischen kanonisch eingeleiteten *wenn*-Adverbialsätzen und adverbialen V1-Sätzen (104c, d):

(104) [Was hättest du gern geglaubt?]

a. Dass Hans Millionär wäre.
b. *Hans wäre Millionär.
[Unter welchen Umständen würden Sie den Bentley kaufen?]
c. Wenn ich Millionäre wäre.
d. *Wäre ich Millionär.

Die Konstruktionen in (104b, d) können nicht als Antworten auf die Bezugssatzellipsen fungieren; das spricht gegen Gliedsatzstatus und damit für strukturelle Unintegriertheit des aV2- und des adverbialen V1-Satzes. Bei integrierten bzw. Gliedsatzgefügen ist es prinzipiell möglich, dass nur eine FHG vorliegt, d.h. diese Sätze können genau nur einen Fokus mit einer hauptakzentuierten Konstituente haben. Trägt also innerhalb eines komplexen Satzes ein Ausdruck im Nebensatz den Hauptakzent, oder kann der Nebensatz bei Hauptakzent im Bezugssatz unbetont bleiben, dann hat er Gliedsatzstatus. Für *wenn*- und *dass*-Sätze trifft beides zu, s. (105a, b) und (106a). Bei adverbialen V1-Sätzen (105d), nicht aber bei aV2-Sätzen (106d), s. Reis 1997: 140) scheint dagegen zuzutreffen, dass sowohl sie selbst als auch der Bezugssatz je eine FHG bilden ((105c) vs. (105d)). Die prosodische Eigenschaft – zwei FHGs – weist auf Unintegriertheit des adverbialen V1-Satzes hin, s. Reis/Wöllstein (2009).

(105) a. Ich würde es tun, wenn ich MillioNÄR wäre.
b. Ich würde BENTley fahren, wenn ich Millionär wäre.
c. ??Ich würde es tun, wäre ich MillioNÄR.
d. ?Ich würde es TUN, wäre ich MillioNÄR.

(106) a. Jeder hat geGLAUbt, dass er seine Eltern liebt.
b. *Jeder hat geGLAUbt, dass er seine Eltern LIebt.
c. √Jeder hat geglaubt, er LIebt seine Eltern.
d. ??Jeder hat geGLAUbt, er LIebt seine Eltern.

Korrelate bilden ein hinreichendes Kriterium für Gliedsatzstatus, damit erlauben nur Gliedsätze das Auftreten von Korrelaten, zu denen die nachfolgenden Sätze dann in ein attributives Verhältnis treten, vgl. Reis (1997: 132). Die *weil*-VE-Sätze des Typs (107a) erlauben ein Korrelat im Bezugssatz, epistemische *weil*-Sätze mit V2-Komplement nicht. Daher können wir (107a) als syntaktisch integriert auffassen. Demgegenüber scheint (107b) syntaktisch unintegriert.

(107) a. Wir müssen (*deshalb*) zu Hause bleiben, weil das Kind krank *ist*.
b. Wir müssen (*deshalb) zu Hause bleiben, weil das Kind *ist* krank.

Als Fazit wollen wir festhalten, dass sich im Hinblick auf die diagnostischen Kriterien für ±Integriertheit bzw. ±Einbettungsstatus *wenn-* und *dass-*Sätze einerseits und V1- und aV2-Sätze (i.d.R. kanonisch selbständige Satzstrukturen) unterschiedlich verhalten: *wenn-* und *dass-*Sätze (beides VE-Strukturen) verhalten sich integriert – wie wir es bislang von kanonisch unselbständigen Sätzen erwartet haben –, V1-Sätze dagegen verhalten sich unintegriert. aV2-Sätze sind dagegen nur partiell unintegriert, vgl. den FHG-Unterschied. Folgende Tabelle basiert auf dem Vorschlag von Reis (1997: 138) für (Des-)Integration am rechten Satzrand.

Integration in den Bezugssatz	NF	Nachstellung	Schlussstellung
+ integriert	kanonisch eingeleitete Adverbialsätze und *dass-*Komplementsätze		
relativ unintegriert		argumentrealisierende V2-Sätze (= aV2), *dass-*Adverbialsätze	
– integriert			adverbiale V1-Sätze, *so dass-, wogegen-,* (epistemische) *weil-*Sätze, weiterführende Relativsätze

Tabelle 30: Unintegrierte Sätze am rechten Satzrand

Strukturell verorten können wir damit die rechtsperipheren aV2-Sätze – wie in Tab. 30 eingeteilt – als relativ unintegrierte Strukturen in Nachstellung und analog dazu linksperiphere adverbiale V1-Sätze als Kandidaten für LAF.

Noch eine Bemerkung dazu, wie Tab. 29 und 30 zusammenpassen: Das, was in Tab. 29 mit dem weiten NF (= wNF) bei Zifonun et al. (1997) bezeichnet wird, ist das Feld für Satzkonstituenten allgemein. Vor wNF befinden sich nur Nichtsatzkonstituenten. Tab. 30 kann somit als eine Feingliederung von wNF in NF, Nachstellung und Schlussstellung aufgefasst werden. Tab. 30 ist insofern als die rechte Peripherie von Satzpositionen unterschiedlichen Integrationsgrades zu verstehen.

Grundbegriffe: Nachstellung, Schlussstellung, Nachtrag, Rechtes Außenfeld, Rechtsversetzung, Bezugssatzellipse, (Des)Integration.
Einführende Literatur: Altmann/Hofmann (2008), Zifonun et al. (1997: E4, Abschnitt 4).
Weiterführende Literatur: Altmann (1981), Reis (1997, 2000), Reis/Wöllstein (2009).

4.7 Zusammenfassung

In § 4.1, 4.5 und 4.6. haben wir an den Rändern, im Innenbereich und zum Zweck der Verknüpfung von Sätzen Erweiterungen vorgenommen. Begründungen dafür wurden durch Daten im Deutschen geliefert. Die links- und rechtsperipheren Konstituenten leisten dabei erheblichen Anteil zur Festlegung von Satz- und Diskurstopiks. § 4.5 diskutierte darüber hinaus (Des-)Integration. Im Inneren des Satzes, s. § 4.2 und 4.3 (insbesondere die Wackernagelposition und Teilung von RSK in Ober- und Unterfeld), weisen die Daten auf eine interne Strukturierung hin, die eine Aufgliederung rechtfertigen. § 4.4 hat gezeigt, wie Satzgefüge, die keine Einbettung aufweisen, im topologischen Modell erfasst werden.

5. Topologisches (Satz-)Modell – Anknüpfungspunkte

Dieses Kapitel richtet sich an Studierende, die an Hintergrundinformationen, theoretischen Fragestellungen und Weiterentwicklungen des topologischen Ansatzes interessiert sind.

In diesem Kapitel würdigen wir in erster Linie die Arbeiten von Reis (1980) und Höhle (1986), die das topologische Feldermodell in die moderne grammatiktheoretische Diskussion „zurückgebracht" haben. Reis (1980) zeigt insbesondere, dass dadurch, dass die Felder des topologischen Modells anhand ihrer relativen Position zu den Satzklammern definiert werden, besondere Möglichkeiten zur Beschreibung von strukturellen Begriffen und grammatischen Konzepten eröffnet werden. Die einzelnen Felder können dazu genutzt werden, Begriffe wie Satzklammer und Konzepte wie Satztyp zu beschreiben – was in anderen Modellen z.T. in umgekehrter Weise erfolgt. Eine Grammatik, der es also gelingt, die Grundstruktur einer Sprache direkt abzubilden, ist besser ausgestattet, um die lineare Ordnung nonverbaler Konstituenten im Deutschen zu beschreiben und erfüllt damit die Bedingung einer beobachtungs- und beschreibungsadäquaten Theorie – und bildet so die Voraussetzung für eine Grammatik, die die sprachlichen Phänomene erklären kann. In § 5.1 referieren wir kurz Vorschläge aus Reis (1980) zur Unterscheidung von drei Satztypen im Deutschen und die Anforderungen, die sich daraus für eine topologische Satztheorie ergeben, sowie eine Rechtfertigung des topologischen Modells gegenüber generativen Grammatiktheorien. Anschließend stellen wir Höhles topologisches Differenzmodell genauer vor, auf das wir uns an zahlreichen Stellen in § 2 ja bereits bezogen haben. In § 5.2 führen wir einige Grundideen für den Strukturaufbau in generativen Satzmodellen ein und zeigen, wie sich eine generativ-hierarchische Baumstruktur auf das lineare topologische Modell abbilden lässt bzw. umgekehrt. Universale Prinzipien für den Strukturaufbau aufgreifend entwickeln wir in § 5.3 einen Grundbauplan für ein sprachübergreifendes lineares Satzmodell. § 5.4 geht von der Satzstruktur auf die phrasale Ebene und stellt ein topologisches Modell für Nominalphrasen vor.

5.1 Das topologische (Drei-Satztypen-)Modell

In wesentlichen Teilen waren Grundzüge der Theorie der topologischen Felder bereits schon in Erdmann (1886) und auch Herling (1821) (zitiert nach Höhle 1986: 332-336) zusammengestellt. Wesentliche Änderungen erfuhren die älteren topologischen Modelle u.a. von Erben (1954), Griesbach (1960), Engel (1970). Das Verdienst der Arbeit von Reis (1980) besteht hingegen in der „Rechtfertigung" des linearen topologischen Feldermodells in einer umfassenden Grammatik des Deutschen. Im Besonderen zeigt Reis, welche Positionen im Satz notwendig sind, um die Ordnung nichtverbaler Konstituenten zu erfassen und wie diese mit dem topologischen Modell bereitgestellt werden: Die Felder VF, MF und NF sind gegeben (andere Modelle sind auf Evidenz für deren Nachweis angewiesen); MF und NF sind immer voneinander separate Einheiten, ohne dass separierende Elemente dies anzeigen; vor dem MF befinden sich Ausdrücke, die eine gemeinsame Klasse bilden – nämlich die Elemente, die unmittelbar MF vorausgehen. Diese, neben weiteren distinktiven Eigenschaften des topologischen Satzmodells, machen es empirisch adäquater als andere Modelle (mit kritischem Blick auf generative Grammatiktheorien, s. Reis (1985) und Brandt et al. (1992)), bei denen unter dem Begriff „Satz" die unterschiedlichen Satztypen des Deutschen (V1/V2/VE) keine Beachtung gefunden haben, obwohl die verschiedenen Satztypen für vielfältige strukturelle Bedingungen verantwortlich sind und somit differenziertere Analysen erfordern. Reis' Argumente gegen eine einheitliche Analysestruktur für alle Satztypen machen deren Unterscheidung notwendig, was folgendes Fazit zulässt, s. Reis (1980: 64):
- Die Satztypen sind nicht einheitlich und können daher nicht einheitlich in einem uniformen Modell abgebildet werden.

- Selbständige Sätze unterscheiden sich strukturell von unselbständigen Sätzen (Differenzhypothese).
- Selbständiger Satz: finites Verb in LSK mit abhängigen Teilen des Verbalkomplexes oder leerstehender RSK; bei V2 obligatorische Vorfeldbesetzung
- Unselbständiger Satz: finites Verb in RSK mit Konjunktionen in LSK (*ob, dass, weil, wenn*); infinites Verb in RSK mit Adverbialen (*ohne, um,* (*an*)*statt*) in LSK oder leerstehende LSK

In Höhle (1986) werden schließlich für die einzelnen topologischen Verbstellungstypen und Sätze (selbständig vs. unselbständig) drei Teil-Modelle vorgeschlagen, die wir in § 2.1 bereits vorgestellt haben und die sich außer in der linken Satzperipherie mit dem uniformen Grundmodell überlappen, s. dort Abb. 3 und 4 im Vergleich zu Tab. 31. Zu K_L vgl. Höhle (1986: 332, Fn. 5).

E-Sätze	(KOORD / AN)	(K_L)	(C)	X	VK	Y
F1-Sätze	(KOORD / AN)	(K_L)	FINIT	X	VK	Y
F2-Sätze	(KOORD / AN) (PARORD / AN)	(K_L)	K FINIT	X	VK	Y
		VVF	VF LSK	MF	RSK	NF

Tabelle 31: Höhles Differenzmodell

Im Höhle-Modell wird a) zwischen selbständigen F-Sätzen und unselbständigen E-Sätzen unterschieden und b) zwischen drei topologischen Typen, die wir bereits kennen – V1-, V2- und VE-Sätze, wobei F-Sätze in F1 und F2 getrennt werden. In Übereinstimmung mit dem Höhle-Modell wurden in § 4.1 und 4.4 zahlreiche Erweiterungen vorgenommen.

Im linksperipheren Bereich vor dem MF unterscheidet Höhle VE- von V1- und V2-Sätzen topologisch voneinander (graue Unterlegung). VE-Sätze entsprechen den E-Sätzen (bei Höhle für ‚elementar', womit auf die zugrundeliegende VE-Stellung sämtlicher Satzstrukturen im Deutschen hingewiesen wird). E-Sätze schließen auch freie VE-Sätze mit ein (Höhle 1986: 330), die als nichtkanonische Hauptsätze gelten; F-Sätze sind finite bzw. durch das Finitum frontierte Sätze: F2-Sätze sind V2-Sätze, F1-Sätze sind V1-Sätze,

mit beiden werden kanonische Hauptsatzstrukturen gebildet. Darüber hinaus rechnet Höhle fakultativ koordinierende und parordinierende Konjunktionen als zur linken Satzperipherie gehörend (s. auch § 4.4). Betrachten wir kurz die Unterschiede in der linken Peripherie über die Satztypen hinweg.
In E-Sätzen existiert kein Vorfeld. Die C-Position (= Complementizer/Komplementierer) wird strikt von FINIT bei F1- und F2-Sätzen von C unterschieden – es gibt keine gemeinsame Position für C-Elemente und finite Verben. Die **C-Position** kann besetzt werden von:

- *dass*, *ob*, ... süddt. *wo*
- bei Infinitivkonstruktionen (= IK), die als Komplemente fungieren, ist C unbesetzt
- *weil, obwohl, bevor, nachdem, zumal, indem, ehe, wenn,* ...
- bei IK, die als Adverbiale fungieren: *um, ohne, (an)statt*
- Relativphrase ; Interrogativphrase
- *je*+Komparativ-Phrase, *so*+Positiv-Phrase

Nur F2-Sätze (V2-Sätze) und F1-Sätze (V1-Sätze) – zusammengefasst als F-Sätze – haben eine FINIT-Position. Nur F2-Sätze wiederum verfügen aber über ein K-Feld für eine Konstituente.

FINIT-Position ist ausschließlich für das finite Verb zugänglich.

Das **X-Feld** entspricht dem MF mit keiner Beschränkung für Konstituenten (also einer Folge von beliebig vielen (auch: null) Konstituenten), die ein Komplement von einem Verb in VK (= Verbalkomplex) oder ein Adjunkt dazu sind. **VK** entspricht der RSK mit einer Folge von (beliebig vielen) Verben plus Verbzusatz (z.B. trennbare Partikeln). Treten mehrere Verben in der VK-Position auf, ist jedes Verb bzw. VZ in VK vom unmittelbar folgenden V selegiert, bis auf das Finitum selbst oder das maximal übergeordnete Verb. Damit befindet sich jedes V oder VZ, das von einem V selegiert ist, in VK. Im E-Satz befindet sich in VK mindestens ein V, das nicht von einem andern V selegiert wird; im F-Satz kann VK leer sein. Enthält VK aber weitere Verben, dann Verben, die von einem weiteren V selegiert werden. Höhle greift damit die Bech'schen Statusrektionsregeln auf, s. § 4.3. Das **Y-Feld** entspricht dem NF. Vor den jeweiligen Satzanfängen (C-FINIT-Position oder K-Feld) gibt es mit **KL** und **AN** bzw. **KOORD/PARORD** weitere Besetzungsmöglichkeiten:

- KL ist die Position der linksversetzten Konstituente, die wir als LV- bzw. VVF kennen.

- In AN steht ein anknüpfender oder (mit dem Diskurs) verknüpfender Ausdruck, die Füllung von KOORD und PARORD sind ebenso bereits bekannt, s. § 4.4.

Legen wir die Einzelmodelle für E-Sätze und F-Sätze zusammen, so weicht im Wesentlichen die Schaffung eines C-Feldes im Höhle-Modell vom uniformen topologischen Modell ab. Höhles Unterscheidung in ein C-Feld und ein Feld für den Träger der Finitheitskategorien nimmt Bezug auf grundlegende kategoriale Unterschiede. Als Träger der Finitheitskategorie wird das Verb von sämtlichen Satzeinleitungselementen, die in Verbendsätzen mögliche C-Einheiten sein können, strikt getrennt. Demgegenüber haben wir in unseren bisherigen Ausführungen die LSK nicht als kategorienspezifische Position behandelt, sondern als Positionskategorie für (Satztyp und/oder -modus mitspezifizierende) Köpfe bzw. für Nichtphrasen (und daher Relativ- und Interrogativphrasen in der LSK ausgeschlossen).

Ein weiterer Unterschied zum uniformen Modell besteht darin, dass dort VF und LSK zwar konstitutive Bestandteile des Modells sind, aber nicht obligatorisch – sondern in Abhängigkeit zum Satztyp – zu besetzen sind. Die linke Satzperipherie (mit VF = K und LSK = FINIT/C) eines Differenzmodells betrachtet diese Positionen satztypabhängig als konstitutive Bestandteile, die obligatorisch besetzt sind, d.h. im Höhle-Modell in Tab. 31 enthält der grau unterlegte Bereich keine unbesetzten Positionen und ist damit restriktiver als das uniforme Modell. Festgehalten werden muss auch, dass bei Höhle nicht etwa LSK und seine C-Position äquivalente Positionen sind. Man kann nur umgekehrt sagen, dass im uniformen Modell die Elemente der C-Position in LSK positioniert werden.

Obwohl nun – wie Höhle selbst sagt – eine genauere Deskription u.a. von C und K noch ausgeblieben ist (Höhle weist damit bereits auf die Unterscheidung hin, die auch in unserer Diskussion bzgl. Köpfen und Nichtköpfen in der linken Peripherie gemacht worden ist), besteht doch der Gewinn des Höhle-Modells darin, dass es wegbereitend für eine differenzierte generativ-syntaktische Analyse (§ 5.2), einen sprachvergleichenden Ansatz (§ 5.3) und die topologische Analyse kleinerer Einheiten (z.B. NP) gewesen ist (§ 5.4). Einen Hinweis auf den Sprachenvergleich gibt Höhle (1986: 338), indem er darauf hinweist, dass nicht der MF-Begriff (im Höhle-Modell der X-Feld-Begriff) primär ist, sondern vielmehr eine Einheit, die Höhle S-Feld nennt. Es zeigt sich nämlich, dass das MF (also X) in Sprachen wie z.B. Englisch vom VK-Komplex „aufgespalten" werden kann und als S-Feld die Konstituenz bei Topikalisierung kennzeichnet (was Pafel 2009 veranlasst, VK mit Ausdehnung auf X zu erweitern und VK vergleichbar zu VP zu bestimmen). Das bedeutet, dass Teile des MF vor und hinter dem VK auftreten können und sich damit Sprachen ohne die für das Deutsche typische Verbklammer bzw. ohne trennbaren VK darstellen ließen.

			S-Feld			
E-Sätze		C	X_1	VK	X_2	Y
F1-Sätze		FINIT	X_1	VK	X_2	Y
F2-Sätze	K	FINIT	X_1	VK	X_2	Y

Tabelle 32: Mittelfeldspaltung im S-Feld

In § 5.3 führen wir ein sprachübergreifendes Modell ein, das Höhles Ansätze weiter ausbaut, insbesondere unter Berücksichtigung von Sprachen, die nicht wie germanische oder romanische Sprachen den Satztyp bzw. -modus linksperipher, sondern rechtsperipher markieren – worauf Höhle (1986: 338f.) selbst schon hingewiesen hat.

Grundbegriffe: Differenzmodell, Höhle-Modell, FINIT-Position, C-Position, S-Feld, X-Feld, Verbalkomplex.

Weiterführende Literatur: Brandt et al. (1992), Höhle (1986), Pafel (2009), Reis (1980, 1985).

Aufgabe: Analysieren sie die folgenden Konstruktionen im Höhle-Modell. Wählen Sie jeweils das passende ‚Sub'-Modell aus Tab. 31 aus. KOORD/ PARORD und KL sind fakultativ bei allen E- und F-Sätzen möglich.
  a. Und dass mir jemand den Hund ausführen wird jeden Tag!
  b. Mit meinen Pflanzen sollte ich täglich mit ihnen sprechen?
  c. Über meine Witze wurde nie gelacht.
  d. Bist du aber schön geworden!
  e. Und bring doch bitte den Müll runter.
  f. Weswegen regst du dich immer gleich so auf?
  g. …, weil mich kann das nicht erschüttern.
  h. …, aber auf welchem Ast hast du denn gesessen?

5.2 Das hierarchische generative Satzmodell

Wir beziehen uns im Folgenden auf das klassische Satzbaumodell, das im Zuge der Government & Binding Theory in den 1980ern von Chomsky (1981, 1986) entwickelt wurde. Danach besteht ein Satz universal aus drei übereinander gelagerten Schichten: der Verbalphrase (= VP), der Inflection-Phrase (= IP; Inflection steht für Tempusmorphologie und Subjekt/Verb-Kongruenz-Morphologie) und einer Complementizer-Phrase (= CP; Complementizer sind bestimmte Satzeinleiter bzw. Satztyp-Markierer, s. § 5.1). Die Phrasen haben den gleichen hierarchischen Aufbau, allein die lineare Ordnung bestimmter Subkonstituenten unterliegt der parametrischen Variation. Was parametrische Variation bedeutet, darauf werden wir in § 5.3 noch näher eingehen. Mit Chomskys Prinzipien- und Parametertheorie (= PPT) wird in den 90er Jahren ein Satzstrukturmodell vorgeschlagen, in dem die Satzkategorie alle übrigen phrasalen Kategorien (IP und VP) unter sich einbettet. Dabei macht die Satzprojektion vom Konzept der funktionalen Elemente Gebrauch: Nicht lexikalische, sondern funktionale Köpfe projizieren einerseits die Satzkategorie CP, und andererseits erfolgt die Phrasenprojektion bis hoch zu diesem Satzknoten dem universalen Prinzip für den binären Strukturaufbau: a) Die Phrase ist eine Projektion des Kopfes: X° → XP. b) Eine maximale Projektion besteht aus einer Spezifikatorposition und einer Projektion des Kopfes und seines Komplements: XP → SpecX X' und X' → YP X°. Weiter werden im PPT-Satzstrukturmodell drei hierarchisch angeordnete Kopfpositionen C°, I°, V° angenommen, wobei der Satz – vereinfacht formuliert – eine Verbindung aus CP, IP und VP ist und alle Satzarten (Haupt- und Nebensatz) und Satzformen (Deklarativ-, Interrogativ-, Imperativ-, Optativsatz) dieselbe zugrundeliegende Struktur aufweisen (Uniformitätshypothese). Hintergrund der Drei-Schichtung ist eine Satzkonzeption, die sich an Aspekten der allgemeinen Satzbedeutung orientiert und diese auf ein strukturelles Muster abbildet. Betrachten wir die funktionalen Kategorien, die im PPT-Modell die Satzprojektion aufbauen, etwas genauer: Sie bilden eine geschlossene Klasse, deren Elemente auch phonologisch leer sein können. Sie sind über ihre Funktion (Satzeinleitung, Finitheit) bestimmbar und auf Strukturpositionen festgelegt. Funktionale Kopfkategorien sind u.a. C- und I-Einheiten, deren Eigenschaften die folgenden:

- C° beherbergt funktionale Satzmerkmale.
- I° beherbergt die verbalen Flexionsmerkmale.
- Funktionale Köpfe selegieren immer den gleichen Komplementtyp: C° selegiert IP und I° selegiert VP.
- Der funktionale Kopf I° bewahrt lexikalisch-kategoriale Eigenschaften des tiefer eingebetteten lexikalischen Kopfes V°.
- Funktionale Köpfe verfügen über eine Spezifikatorposition (was für lexikalische Köpfe wie V° in neueren Arbeiten auch angenommen wird; in SpecV tritt das Subjekt vor der Bewegung nach SpecI auf).

(107) Satzprojektion als CP-Struktur

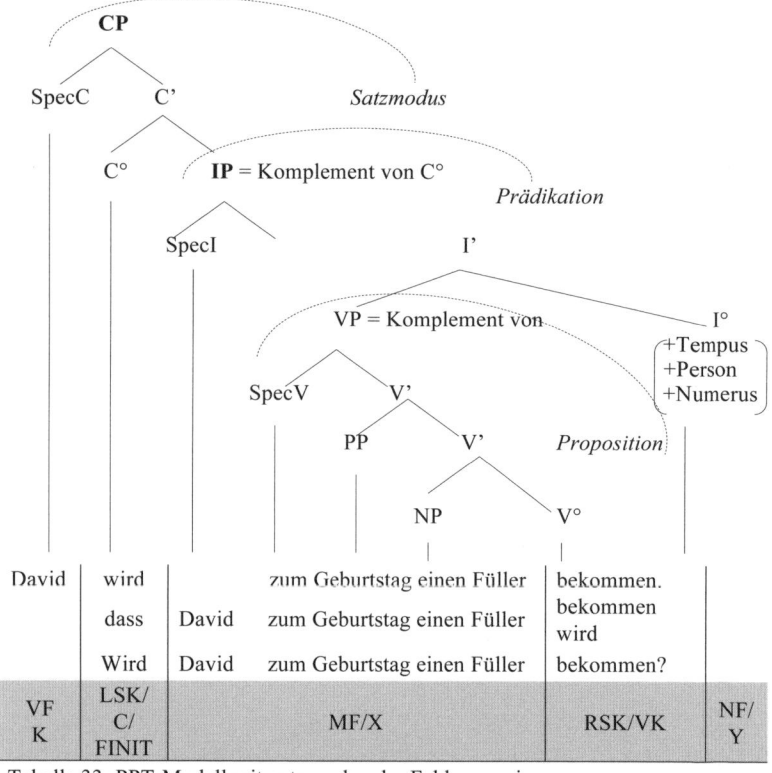

Tabelle 33: PPT-Modell mit entsprechender Felderzuweisung

Kern des Satzes ist die Verbalphrase, innerhalb derer das lexikalische Material thematisch verteilt wird – das Verb und seine Argumente etablieren eine **Proposition**, die Satzaussage. Die Proposition wird innerhalb der hierarchisch übergeordneten IP referenziell verankert, d.h., auf einen bestimmten zeitlichen Kontext bezogen: Tempus, Finitheit, Verbmodus und ebenso Kongruenz mit dem Subjekt werden hier spezifiziert. Die Proposition wird so als **Prädikation** abgebildet. Innerhalb der wiederum übergeordneten CP wird schließlich die Prädikation durch den **Satzmodus** gekennzeichnet und damit die Prädikation im Diskurs als ein bestimmter Satztyp verankert. Der so ausgestattete Gesamtsatz bzw. die hierarchisch höchste Konstituente ist damit eine C-Phrase, die sich erst zur I-Phrase und dann zur V-Phrase verzweigt.

Die Prädikatspositionen, die im topologischen Modell die beiden Satzklammern markieren, entsprechen den drei Phrasenköpfen des

‚VP-IP-CP-Modells'. Das Mittelfeld (und damit alle Konstituenten zwischen LSK und RSK) ist im generativen Modell der strukturelle Bereich zwischen dem linksperipheren C-Kopf und den rechtsperipheren Köpfen der V- und I-Phrase. Das Vorfeld schließlich entspricht der Topikposition, das Nachfeld dem strukturellen Bereich rechts vom I-Kopf. Die Beschränkungen für die Besetzung des PPT-Modells finden wir auch in den Restriktionen für die Besetzung der LSK wieder, die wir in § 3.1 vorgenommen haben, s. auch (107):

- In den Klammern stehen nur die Köpfe verbalhaltiger Phrasen (CP, IP, VP).
- LSK kann nur mit einem funktionalen Kopf besetzt werden (C° oder mit I° assoziiertes V°). Ein lexikalischer Kopf V° ohne funktionale Merkmale kann hingegen nicht in LSK bzw. C° erscheinen.
- Die Definition und die Besetzung von VF, MF und NF erfolgt in Abhängigkeit von diesen Kopfpositionen.

Wir können hier nicht darauf eingehen, dass die Besetzung der linksperipheren C-Positionen das Ergebnis von zwei Sorten von Bewegungen ist, die ihre Entsprechung auch in neueren Arbeiten zum topologischen Modell haben (s. zu Bewegungstypen im topologischen Modell Pafel 2009: 49). Wir halten aber Folgendes fest:

- Finitumvoranstellung in LSK bzw. in die FINIT-Position im topologischen Modell entspricht der Kopfbewegung von V°- zur I°-Position (= Verb Raising) und I°- zur C°-Position (= V2-Bewegung).
- Bewegung einer Konstituente vom MF ins VF (d.h. Vorfeldbesetzung) entspricht der Topikalisierung einer phrasalen Konstituente in die SpecC-Position.
- Bewegung einer Konstituente aus dem Mittelfeld ins Nachfeld entspricht der Extraposition (Rechtsadjunktion) einer maximalen Projektion an IP – nicht dargestellt in (107).

Gehen wir im nächsten Abschnitt über zu der Ableitung eines generalisierten sprachübergreifenden topologischen Modells, das wir aus dem parametrisierten generativen Modell ableiten.

Grundbegriffe: PPT-Modell, Kopfbewegung, Finitvoranstellung, Topikalisierung, Projektion, Complementizerphrase (= CP), Inflectionphrase (=IP).

Weiterführende Literatur (einführend zur generativen Grammatik (des Deutschen)): Dürscheid (2007), Grewendorf (2002), Sternefeld (2006: Bd. 1, § III und Bd. 2, § IV).

Aufgabe: Analysieren Sie die folgenden Sätze im CP-IP-VP-Schema nach Tab. 33. Man muss beachten, dass innerhalb der VP mehrere NPs, aber auch AdvPs usw. auftreten können. Komplexe NPs müssen nicht weiter analysiert werden. Zeigen Sie bei allen Bewegungen die Ausgangspositionen der Elemente an.
   a. Helena schwärmt für Roger Federer. / weil Helena für R.F. schwärmt
   b. Es ritten drei Ritter zum Tor hinaus. / ob drei Ritter zum T. hinaus ritten
   c. Steh auf! / Dass du mir jetzt aufstehst!
   d. David wurde in Edinburgh gesehen. / dass David in E. gesehen wurde
   e. Warum will Alex aufgeben? / warum Alex aufgeben will

5.3 Das generalisierte lineare Satzmodell

Zum invarianten Kern generativer Grammatiktheorien gehört, dass alle natürlichen Sprachen eine Menge von Universalien bzw. universalen Prinzipien teilen, die ähnlich einer Bauanleitung die einzelsprachlichen Grammatiken mitkonstituieren – d.h., sie teilen eine universale Grammatik (= UG). Fundamental ist darüber hinaus die Unterscheidung zwischen universalem Prinzip und Parameter.

Während die Prinzipien alle natürlichen Sprachen beschränken, determinieren Parameter unterschiedliche sprachspezifische Optionen innerhalb der universalen Strukturmöglichkeiten. Eine einzelsprachliche Grammatik ergibt sich so aus der Kombination der universalen Prinzipien und einer möglichen Fixierung aller Parameter. Der zweite wichtige Punkt des generativen Ansatzes ist die Erkenntnis, dass die hierarchische Organisation durch universale Prinzipien restringiert zu sein scheint – so etwa durch das Prinzip der Binarität, demzufolge sich eine Konstituente aus höchstens zwei unmittelbar untergeordneten Tochterkonstituenten zusammensetzen kann.

(108) [D [A B]$_C$]$_E$
      [[the lady]$_D$ [[kisses]$_A$ [the frog]$_B$]$_C$]$_E$

Vergleichen wir die Klammerstrukturen in (108) mit einem topologischen Feldermodell, so gilt, dass die obigen Modelle sowohl die hierarchische als auch die lineare Ordnung der Konstituenten abbilden, während das Feldermodell grundsätzlich nur die lineare Ordnung bei (Nicht-)Satzkonstituenten visualisieren kann. Erstere sind also hinsichtlich der transportierten Information komplexer.

Je nach Aufbau eines hierarchisch-linearen Modells und eines Feldermodells kann sich die gezeigte Information aber durchaus entsprechen – das Feldermodell zeigt dann eine Teilmenge der Information des hierarchisch-linearen Modells.

Was bedeutet Binarität und Parametrisierung nun für die Syntax – genauer für den Satzbau einzelner Sprachen? Topologische Modelle wurden entwickelt, bevor generative Theorien existierten – dabei ist das Modell eine rein deskriptive Herausarbeitung der linearen Organisation des deutschen Satzbaus.

Erwägt man nun das generative Modell, so kann die obige Rekonstruktion erklären, warum ausgerechnet eine durch die Satzklammer aufgespannte Felderteilung konstatiert werden musste und damit den Klammerpositionen ein besonderer Status zukommt: Die Klammerpositionen können nur Prädikatsteile, die linke Satzklammer alternativ nur einen Satztyp-Markierer aufnehmen, weil sie exakt den Positionen entsprechen, die ihrerseits verbale bzw. satzmodus-spezifizierende Köpfe (nach Höhle C-Elemente) darstellen. In der hierarchischen Struktur des deutschen Satzes existieren laut ‚VP-IP-CP-Modell' nur drei (verbale) Kopfpositionen, welche sozusagen die Basis der Konstituentenarchitektur bilden, und sie teilen den Satz linear in eben der Weise, die das topologische Modell visualisiert.

Nun hat bereits Höhle illustriert, inwiefern Veränderungen im topologischen Modell vorgenommen werden müssten, damit dieses Modell einem sprachübergreifenden Satzstrukturvergleich genügt. Ebenso wenig kann das deutsche ‚VP-IP-CP-Modell' aus § 5.2 die Satzstruktur beliebiger Sprachen abbilden. Wir werden aber zeigen, wie sich ein generalisiertes sprachvergleichendes Modell (= GLS-Modell) in sehr ähnlicher Weise aus dem generativen Ansatz motivieren lässt, insofern man die dort angenommenen (oben bereits erwähnten) parametrischen Optionen der binären Verzweigung in Erwägung zieht (Wöllstein/Zepter 2005).

Vergleichen wir die deutsche Satzstellung z.B. mit der englischen, können wir beobachten, dass sich die Linearisierung der Prädikatsteile und der übrigen Konstituenten nur zum Teil deckt. Im englischen deklarativen Nebensatz folgt z.b. dem Satzeinleiter das Subjekt; dem Subjekt folgt das gesamte Prädikat, das seinerseits den Objektkonstituenten vorausgeht – eine rechtsperiphere Stellung des Prädikats, wie wir es im Deutschen kennen, ist ausgeschlossen:

(109) a. dass die alte Dame {ihm zugelächelt hat}
 b. that the old lady {has smiled at him}

Der durch die geschweiften Klammern markierte variante Bereich, in dem sich die deutsche Abfolge von der englischen unterscheidet, wird im generativen ‚VP-IP-CP-Modell' auf eine parametrische Variation zurückgeführt – während die hierarchische Organisation der

Phrasenstruktur universal ist, kann die lineare Abfolge zweier Schwesterkonstituenten innerhalb einer binären Verzweigung variieren. Wir können uns das wie folgt vorstellen: Jede Verzweigung (= Knoten) kann „gedreht" werden, so dass außer einer linearen Abfolge A vor B, auch die Abfolge B vor A möglich wird:

(110) a.   b.

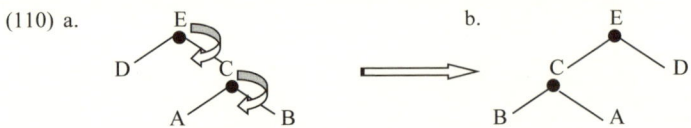

Genauso gut kann z.B. am E-Knoten eine Drehung nach links und am C-Knoten eine Drehung nach rechts erfolgen. Das ist in der jeweiligen Einzelsprache abzulesen. Im generativen ‚VP-IP-CP-Modell' sind die „drehbaren Knoten" diejenigen, die einen phrasalen Kopf unmittelbar dominieren. Wir können auch sagen, dass jede Kopf-Komplement-Konstituente „gespiegelt" werden kann:

(111) a.   b.

(111) illustriert, wie sich im generativen Modell die beiden Abfolgen ‚Prädikat vor Objektkonstituenten' und ‚Objektkonstituenten vor Prädikat' durch eine unterschiedliche Positionierung des I- und des V-Kopfes darstellen lassen: Während im Englischen beide Köpfe ihren jeweiligen Schwesterkonstituenten/Komplementen vorausgehen, folgen sie ihnen im Deutschen. Das Resultat nach der „Drehung" ist die komplementäre Linearisierung. Es ist klar, dass innerhalb einer spezifischen Einzelsprache immer nur eine der Parameteroptionen möglich ist – metaphorisch gesprochen muss sich eine Sprache entscheiden, ob innerhalb einer Phrase der Kopf vorangeht oder folgt (Ausnahme sind P° im Deutschen): in der deutschen VP bspw. folgt der V-Kopf seinem jeweiligen Komplement, genau wie I°, aber C° geht seinem Komplement voraus; im englischen Baum gehen alle drei Köpfe voraus). Betrachten wir nichtsdestotrotz den hypothetischen Fall, dass wir alle parametrischen Optionen gleichzeitig abbilden wollen. Hier ergibt sich eine Art Doppelbaum. Neu hinzu kommen Subjektfeld, linke Verbklammer und rechte Satzklammer.

(112)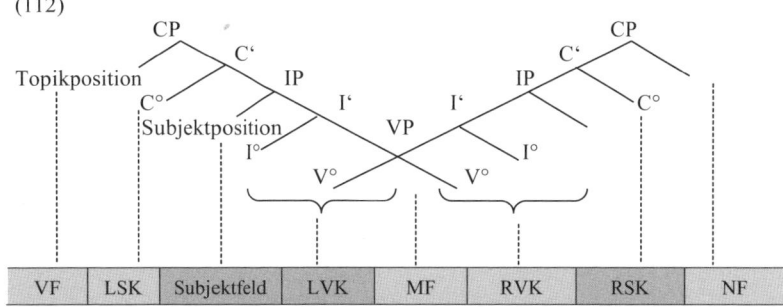

Tabelle 34: Generative Grundlage des GLS-Modells mit den neuen Positionen

Es ist nun genau diese Doppelbaumstruktur, genauer die Summe der im ‚VP-IP-CP-Modell' möglichen Positionen, die die Grundlage für das GLS-Modell und dessen Konzeption bildet: Das bedeutet, die Satzklammer des GLS-Modells entspricht im generativen Modell der Domäne des C-Kopfes, welcher entweder links- oder rechtsperipher auftreten kann. Die Verbklammer begründet sich aus den Parameteroptionen des V-Kopfes und des I-Kopfes. Die einzelnen Felder motivieren sich wie folgt:

(113) Vorfeld → Topikposition (Spezifikator der CP)
Linke Satzklammer → linksperipherer C-Kopf
Subjektfeld → Subjektposition (Spezifikator der IP)
Linke Verbklammer → linksperipherer I-Kopf/V-Kopf
Mittelfeld → Konstituenten in VP
Rechte Verbklammer → rechtsperipherer V-Kopf/I-Kopf
Rechte Satzklammer → rechtsperipherer C-Kopf
Nachfeld → Extrapositionsdomäne

Man muss beachten, dass der Doppelbaum keine komplette Spiegelung darstellt. Anders als die Kopfkonstituenten unterliegen die Positionen, die wir Topik- und Subjektposition genannt haben, keiner Parametrisierung (in der generativen Terminologie spricht man von funktionalen Spezifikatoren). Die grau unterlegten Spalten in Tab. 35 zeigen diejenigen Strukturpositionen, die im einzelsprachlichen Modell (gültig fürs Deutsche) nicht erfasst werden können. Einzelsprachlich sind selbstredend nicht immer alle Felder besetzt bzw. vorhanden. Das GLS-Modell ist der Versuch, die Analyseergebnisse des hierarchisch-linearen generativen Modells in ein lineares Modell zu übersetzen, das mögliche Strukturpositionen gleichzeitig sichtbar macht, vgl. hierzu Tab. 35. Ebenso wird gezeigt, welche Strukturpositionen im Englischen, Französischen, Japanischen und Türkischen belegt sind und welche nicht.

VF Satzglied	LSK Satztypmarkierer/ finites Verb	*Subjektfeld* Satzglied	*LVK* finites und infinites Verb	MF Satzglieder	RVK finites und infinites Verb	*RSK* (finites Verb +) Satztypmarkierer	NF nachgestellte Satzglieder
D Heute	bin			ich in die Schule	gegangen.		
E Today		I	went	to school.			
F Aujourd'hui		je	suis allé	à l'école.			
T		Hasan		kitab- Buch-AKK	oku-du. les-PRÄT		

Tabelle 35: Das 8-gliedrige sprachvergleichende Modell – Deklarativsatz – sprachvergleichend
Die grau unterlegten Spalten zeigen diejenigen Positionen, die mit einem einzelsprachlichen Modell (gültig fürs Deutsche) nicht erfasst werden können. Einzelsprachlich sind nicht immer alle Felder besetzt.

VF Satzglied	LSK Satztyp-markierer/ finites Verb	Subjekfeld Satzglied	LVK finites und infinites Verb	MF Satzglieder	RVK finites und infinites Verb	RSK (finites Verb +) Satztyp-markierer	NF nachgestellte Satzglieder
D	Ist			Ben ins Kino	gegangen?		
E	Did	Ben	go	to the movies?			
F	Est-ce que	Ben	est allé	au cinema?			
T		Ben		sinema-ya Kino-DAT	git-ti gehen-PAST	mi? FP	

Tabelle 36A: Entscheidungsinterrogativsatz – sprachvergleichend

VF Satzglied	LSK Satztyp-markierer/ finites Verb	Subjekfeld Satzglied	LVK finites und infinites Verb	MF Satzglieder	RVK finites und infinites Verb	RSK (finites Verb +) Satztyp-markierer	NF nachgestellte Satzglieder
D Wem	hat			Ben das Buch	gebracht?		
E To whom	did	Ben	give	the book?			
F À qui	est-ce que	Ben	a donné	le livre?			
T		Ben		kitab- kim-e Buch-AKK wem	ver-di? geb-PRÄT		

Tabelle 36B: Ergänzungsinterrogativsatz – sprachvergleichend

Das generalisierte lineare Satzmodell führt sprachübergreifende Informationen zusammen. Anzahl und Verteilung der Felder und Klammern begründen sich aus dem generativen Modell: Die Satzklammer wird unterschieden in **Satz-** und **Verbklammer** und hinzu kommt ein separates **Subjektfeld**. Das S-Feld Höhles beinhaltet – beziehen wir Sprachen mit funktional rechtsperipher markierenden Köpfen ein – das Subjektfeld, LVK, MF, RVK und RSK.
Wir schließen an dieser Stelle den kurzen Einblick in den Sprachvergleich ab und stellen im Folgenden letzten § 5.4 ein topologisches Modell für Nominalphrasen im Deutschen vor.

Grundbegriffe: Universalgrammatik, Generative Grammatik, Parametrisierung, VP-IP-CP-Modell, Satzklammer, Verbklammer, Subjektfeld.

Weiterführende Literatur: Wöllstein/Zepter (2005).

Aufgabe:
a) Wie ordnen das Deutsche und einige andere Sprachen das Prädikat relativ zu anderen Strukturteilen/Konstituenten des Satzes ein? Welche Verbstellungen zeigen einzelne Satztypen in den unterschiedlichen Sprachen? Bestimmen Sie die Muster.
b) Wie legen andere Sprachen als das Deutsche, Englische, oder Französische den jeweiligen Satztyp fest und an welchen Positionen geschieht das? Nutzen Sie auch die Kompetenzen von Muttersprachlern anderer als der hier exemplarisch vorgestellten Sprachen.
c) Warum braucht das Deutsche kein Subjektfeld?

5.4 Das topologische Modell für Nominalphrasen

In Anlehnung an das topologische Satzmodell wird in der Dudengrammatik (2009) und in Zifonun et al. (1997: 2069) das folgende Schema für Nominalphrasen im Deutschen angenommen:

Vorfeld		Kern		Nachfeld
nomen invarians			GEN-Phrase	PP – Adv – NS – APP
nomen varians		Substantiv		PP – Adv – NS – APP
pränominaler Genitiv	AdjP	nomen invarians		
Determinator		nomen varians	*als*-Phrase	

Tabelle 37: Feldermodell für Nominalphrasen

Ein restriktiveres Modell wird von Karnowski/Pafel (2002) vorgeschlagen (s. Tab. 38) und orientiert sich terminologisch am Höhle-Modell.

Z	DEF	X	NOM	Y
nur	die	wilden	Kerle	
nicht	Caesars	großer	Wille	nach Überschreitung des Rubikon
hier	jene	großen	Arien	von den Tenören
sogar	sein	großes	Bedürfnis	nach Macht

Tabelle 38: Feldermodell für die NP nach Karnowski/Pafel (2002: 2)

Die grau markierte NOM-Position ist die Kernposition der Nominalphrase (= NP). Diese Position muss obligatorisch besetzt sein; die DEF-Position ist zwar obligatorisch, aber im Unterschied zu NOM nicht immer lexikalisch gefüllt.

	obligatorisch besetzt	stichpunktartige Erläuterung	Beispiele
Z	–	Modifikatoren (temporal, modal, lokal, …)	nur, nicht, dort, sogar
DEF	–	definiter/indefiniter Artikel, pränominaler Genitiv, Possessivum, Quantor **! obligatorisch vorhanden**	d-, ein- Nomen (GEN), sein-/ihr-… jed-, kein-, all-
X	–	Attribute, i.d.R. Adjektive	wilden, großes
NOM	**+**	nominaler Kern N°	*Eroberung*
Y	–	Appositionen unterschiedlicher Art; nachgestellte Präpositionalphrasen Postnominaler Genitiv	die Eroberung *von Rom* die Eroberung *Roms*

Tabelle 39: Inhalte und Beschränkungen des nominalen Feldermodells

Für die Felder gilt allgemein, dass sie durch ein oder mehrere einfache oder komplexere Elemente besetzt werden können. Die Positionen können nur durch ein einfaches oder komplexeres Element einer begrenzten Anzahl von Kategorien besetzt werden: Für explizitere Beschränkungen der topologischen Bereiche s. Ramers (2006), der sich auch mit dem Vergleich zwischen Satz- vs. Nominalgruppentopologie auseinandersetzt.

Grundbegriffe: Nominalphrase, Nominalphrasentopologie.

Weiterführende Literatur: Karnowski/Pafel (2002), Ramers (2006).

Aufgabe: Analysieren Sie die folgenden Nominalgruppen nach dem Modell in Tab. 39.
  a. sein ewiges Nein
  b. nur jeder zweite große rote Luftballon
  c. die Blumen des Koran
  d. das große Fressen

5.5 Zusammenfassung

In den Abschnitten § 5.1- 5.4 haben wir Einblicke in weiterführende syntaktische Modelle genommen: § 5.1 greift die Diskussion zur linken Satzperipherie aus vergangenen Kapiteln auf und würdigt Arbeiten, die bzgl. der Satztypen im Deutschen für ein nicht-uniformes Modell plädieren. Mit der S-Feld-Erweiterung zeigt Höhle bereits die Eignung linearer Modelle für den Sprachenvergleich auf. Mit dem Fokus auf die hierarchischen und universalen syntaktischen Eigenschaften von Sätzen haben wir das generative Modell eingeführt; ein generalisiertes Modell explizit für den Sprachenvergleich thematisiert § 5.3, und 5.4 stellt abschließend topologische Modelle für die Syntax der Nominalgruppe unter Rückgriff auf topologische Parallelen auf Satzebene vor.

Schlussbemerkung

Natürlich habe ich bei der Auswahl des topologischen Satzmodells Schwerpunkte gesetzt, die andere Autoren in dieser Weise möglicherweise nicht gesetzt hätten. Obwohl das Differenzmodell das explizitere Modell ist, indem es Satztypen des Deutschen klar unterscheidet, habe ich mich bei der Erläuterung der satzstrukturellen Fakten für das uniforme Modell entschieden und an zahlreichen Stellen Argumente für das eine oder andere Modell vorgebracht. Letztlich waren die eigenen Erfahrungen in der Lehre ausschlaggebend für die Wahl: Im ersten Schritt unabhängig von Satztypen ein einheitliches satzstrukturelles Muster zu erkennen und es dann zunächst mit einem einheitlichen Modell zu analysieren, fiel meinen Studierenden stets leichter. Ihnen sei hiermit herzlich gedankt für meine didaktischen Fortschritte. Doch ganz klar ist: Für die intensive Beschäftigung mit der deutschen Syntax ist die Kenntnisnahme des Differenzmodells und seiner Implikationen unumgänglich. Was linguistisch für oder gegen das uniforme oder das Differenzmodell spricht, muss dann stets an den empirischen Fakten, die abzudecken sind, also der deskriptiven Adäquatheit und dem Erklärungspotential des einen oder anderen Modells gemessen werden.

Literatur

Altmann, Hans (1993): Satzmodus. In: Joachim Jacobs et al.1006-1029.
Altmann, Hans (1987): Zur Problematik der Konstitution von Satzmodi als Formtypen. In: Jörg Meibauer (Hg.): Satzmodus zwischen Grammatik und Pragmatik. Tübingen, Niemeyer. 22-56.
Altmann, Hans (1981): Formen der Herausstellung im Deutschen: Rechtsversetzung, Linksversetzung, Freies Thema und verwandte Konstruktionen. Tübingen, Niemeyer (= Linguistische Arbeiten 106).
Altmann, Hans/Suzan Hahnemann (2007³): Syntax fürs Examen. Göttingen, V&R.
Altmann, Hans/Ute Hofmann (2008²): Topologie fürs Examen. Göttingen, V&R.
Bech, Gunnar (1955/57) [1983²]: Studien über das deutsche Verbum infinitum. Tübingen, Niemeyer.
Behaghel, Otto (1923-32): Deutsche Syntax. Eine geschichtliche Darstellung. 4 Bde. (Bd. 1 1923, Bd. 2 1924, Bd. 3 1928, Bd. 4 1932) Heidelberg.
Blümel, Rudolf (1909): Die aufgaben der nhd. wortstellungslehre. In: Beiträge zur geschichte der deutschen sprache und literatur 35. 494-534.
Brandt, Margareta/Marga Reis/Inger Rosengren/Ilse Zimmermann (1992): Satztyp, Satzmodus und Illokution. In: Inger Rosengren (Hg.): Satztyp, Satzmodus und Illokution. Bd. 1. Tübingen, Niemeyer. 1-90.
Bußmann, Hadumod (2008⁴): Lexikon der Sprachwissenschaft. Stuttgart, Kröner Verlag.
Büring, Daniel/Katharina Hartmann (1997): The Kayne Mutiny. In: Dorethee Beerman/David Leblanc/Henk van Riemsdijk (Hgg.): Rightward Movement. Amsterdam, Benjamins. 59-80.
Chomsky, Noam (1981): Lectures on Government and Binding. Dordrecht, Foris.
Chomsky, Noam (1986): Knowledge of Language. New York, Praeger.
DUDEN (2009⁸): Die Grammatik. Mannheim, Duden Verlag.
DUDEN (2006⁵): Schülerduden Grammatik. Mannheim, Duden Verlag.
Drach, Erich (1939) [1963⁴]: Grundgedanken der deutschen Satzlehre. Darmstadt, Wissenschaftliche Buchgesellschaft.
Dürscheid, Christa (2007⁴): Syntax. Grundlagen und Theorien. Wiesbaden, Westdeutscher Verlag.
Eisenberg, Peter (1999) [2006³]: Grundriß der deutschen Grammatik. Bd 2. Der Satz. Stuttgart, Metzler.
Eisenberg, Peter/Wolfgang Menzel (2002): Die Stellung der Wörter im Satz. In: Praxis Deutsch 172. 6-13.
Engel, Ulrich (1988) [1996³]: Deutsche Grammatik. Heidelberg, Julius Groos.
Engel, Ulrich (1972): Regeln zur „Satzgliedfolge". Zur Stellung der Elemente im einfachen Satz. In: Linguistische Studien I. Düsseldorf. 17-75.
Engel, Ulrich (1970): Studie zur Geschichte des Satzrahmens und seiner Durchbrechung. In: Studien zur Syntax des heutigen Deutsch. Paul Grebe zum 60. Geburtstag. Düsseldorf, Pädagogischer Verlag Schwann (= Sprache der Gegenwart 6). 45-61.

Erben, Johannes (1954): Grundzüge einer Syntax der Sprache Luthers. Vorstudie zu einer Luthersyntax. Berlin, Deutsche Akademie der Wissenschaften zu Berlin. Veröff. des Instituts für deutsche Sprache und Literatur 2.

Erdmann, Oskar (1886): Grundzüge der deutschen Syntax. Stuttgart, Cotta.

Fabricius-Hansen, Cathrine (1992): Subordination. In: Ludger Hoffmann (Hg.). Deutsche Syntax. Ansichten und Aussichten. Berlin/New York, Walter de Gruyter. 458-483.

Fabricius-Hansen, Cathrine/Wiebke Ramm (2008): Subordination vs. Coordination in Sentence and Text. Amsterdam, John Benjamins.

Frey, Werner (2005): Zur Syntax der linken Peripherie im Deutschen. In: Franz Josef D'Avis (Hg.): Deutsche Syntax: Empirie und Theorie. Symposium Göteborg 13.-15. Mai 2004. Göteborger Germanistische Forschungen. 147-171.

Frey, Werner (2004): Notes on the syntax and pragmatics of the German Left Dislocation. In: Horst Lohnstein/Susanne Trissler (Hgg.): The Syntax and Semantics of the Left Periphery. Berlin, Mouton de Gruyter. 203-233.

Fries, Norbert (1983): Syntaktische und semantische Studien zum frei verwendeten Infinitiv und zu verwandten Erscheinungen im Deutschen. Tübingen, Narr.

Geilfuß-Wolfgang, Jochen (2007²): Syntax. In: Meibauer, Jörg et al. 121-162.

Grewendorf, Günther (2002): Minimalistische Syntax. Tübingen, Francke Verlag (UTB).

Grewendorf, Günther/Fritz Hamm/Wolfgang Sternefeld (1999[11]): Sprachliches Wissen. Frankfurt a.M., Suhrkamp.

Griesbach, Heinz (1960): Neuere Grundlagen für den fortgeschrittenen Deutschunterricht. In: Deutschunterricht für Ausländer 10. 97-109.

Günthner, Susanne (1993): ... weil – man kann es ja wissenschaftlich untersuchen' – Diskurspragmatische Aspekte der Wortstellung in WEIL-Sätzen". In: Linguistische Berichte 143. 37-59.

Haftka, Brigitta (1996): Deutsch ist eine V/2-Sprache mit Verbendstellung und freier Wortfolge. In: Ewald Lang/Gisela Zifonun (Hgg.): Deutsch - typologisch. Berlin/New York, de Gruyter. 121-141.

Haftka, Brigitta (1993): Topologische Felder und Versetzungsphänomene. In: Joachim Jacobs et al. (1993). 846-867.

Haider, Hubert (1997): Extraposition. In: Dorethee Beerman/David Leblanc/Henk van Riemsdijk (Hgg.): Rightward Movement. Amsterdam, Benjamins. 115.152.

Haider, Hubert (1994): Fakultativ kohärente Infinitkonstruktionen im Deutschen. In: Anita Steube/Gisela Zybatow (Hgg.): Zur Satzwertigkeit von Infinitiven und Small Clauses (= Linguistische Arbeiten 315). Tübingen, Niemeyer. 75-106.

Herling, [S,A,H] (1821): Über die Topik der deutschen Sprache. In: Abhandlungen des frankfurtischen Gelehrtenvereins für deutsche Sprache. Frankfurt a.M. 296-362, 394.

Hoberg, Ursula (1981): Die Wortstellung in der geschriebenen deutschen Gegenwartssprache. München, Max Hueber Verlag.

Höhle, Tilman (1992): Über Verum-Fokus im Deutschen. In: Joachim Jacobs (Hg.): Informationsstruktur und Grammatik. Opladen, Westdeutscher Verlag. 112-141.

Höhle, Tilman N. (1988): VERUM-Fokus. In: Sprache und Pragmatik 5. 1-37.

Höhle, Tilman N. (1986): Der Begriff 'Mittelfeld': Anmerkungen über die Theorie der topologischen Felder. In: Walter E. Weiss/Herbert E. Wiegand/Marga Reis (Hgg.): Textlinguistik contra Stilistik. Akten des VII. Internationalen Germanisten-Kongresses Göttingen 1985, Bd. 3. Tübingen, Niemeyer. 329-340.

Höhle, Tilman (1982): Explikationen für ‚normale Betonung' und ‚normale Wortstellung'. In: Werner Abraham (Hg.). Satzglieder im Deutschen. Tübingen, Narr. 75-152.

Jacobs, Joachim/Theo Vennemann/Wolfgang Sternefeld/Arnim von Stechow (Hgg.): Syntax. Ein internationales Handbuch zeitgenössischer Forschung. Berlin/New York, de Gruyter.

Jacobs, Joachim (1988): Probleme der freien Wortstellung im Deutschen. In: Sprache und Pragmatik 5. 8-37.

Karnowski, Pawel/Jürgen Pafel (2002): A Topological Schema for Noun Phrases in German. In: Gereon Müller/Lutz Gunkel/Gisela Zifonun (Hgg.): Explorations in Nominal Inflection. Berlin/New York, Mouton de Gruyter. 151-178.

König, Ekkehard/Johan van der Auwera (1987): Clause integration in German and Dutch conditionals, concessive conditionals and concessives. In: John Haiman/Sandra A. Thompson (Hgg.): Clause Combining in Grammar and Discourse. Amsterdam, Benjamins. 101-134.

Lenerz, Jürgen (1993): Zur Syntax und Semantik deutscher Personalpronomina. In: Marga Reis (Hg.): Wortstellung und Informationsstruktur. Tübingen, Niemeyer. 117-153.

Lenerz, Jürgen (1977): Zur Abfolge nominaler Satzglieder im Deutschen. Tübingen, Narr/Stauffenburg (= Studien zur deutschen Grammatik 5).

Linke, Angelika/Markus Nussbaumer/Paul R. Portmann (2001) [2004[5]]: Studienbuch Linguistik. Tübingen, Niemeyer.

Lötscher, Andreas. 1981. Abfolgeregeln für Ergänzungen im Mittelfeld. In: Deutsche Sprache 9. 44-60.

Meibauer, Jörg et al.: Einführung in die germanistische Linguistik. Stuttgart, Metzler.

Müller, Gereon (2000): Optimality, markedness, and word order in German. Linguistics 37. 777-818.

Müller, Stefan (2003): Mehrfache Vorfeldbesetzung. Deutsche Sprache 31. 29-62.

Musan, Renate (2008): Satzgliedanalyse. Heidelberg, Universitätsverlag Winter (= Kegli 6).

Önnerfors, Olaf (1997): Verberst-Deklarativsätze. Grammatik und Pragmatik. Stockholm, Almqvist & Wiksell International (= Lunder germanistische Forschungen 60).

Pafel, Jürgen (2009): Zur linearen Syntax des deutschen Satzes. In: Linguistische Berichte 217. 37-79.

Pasch, Renate/Ursula Brauße/Eva Breindl/Ulrich Hermann Waßner (2003): Handbuch der deutschen Konnektoren. Linguistische Grundlagen der Beschreibung und syntaktische Merkmale der deutschen Satzverknüpfer. Berlin/New York, de Gruyter (= Schriften des Instituts für Deutsche Sprache 9).

Pittner, Karin/Judith Berman (2008[3]): Deutsche Syntax. Ein Arbeitsbuch. Tübingen, Narr (= Studienbücher).

Praxis Deutsch (2002): Die Stellung der Wörter im Satz. 172. Seelze, Friedrich Verlag.

Primus, Beatrice (1996): Dependenz und Serialisierung: das Deutsche im Sprachvergleich. In: Ewald Lang/Gisela Zifonun (Hgg.): Deutsch - typologisch. Berlin/New York, de Gruyter. 57-91.

Primus, Beatrice (1994): Grammatik und Performanz: Faktoren der Wortstellungsvariation im Mittelfeld. In: Sprache und Pragmatik 32. 39-86.

Ramers, Karl-Heinz (2006): Topologische Felder: Nominalphrase und Satz im Deutschen. Zeitschrift für Sprachwissenschaft 25:1. 95-127.

Rapp, Irene/Angelika Wöllstein (2009): Infinite Strukturen: selbständig, koordiniert und subordiniert. Erscheint in: Ehrich, Veronika/Ingo Reich/Marga Reis (Hgg.): Koordination und Subordination im Deutschen. Sonderheft Linguistische Berichte. Hamburg, Buske.

Reis, Marga (2003): On the form and interpretation of German wh-infinitives. In: Journal of Germanic Linguistics 15. 155-201.

Reis, Marga (2000): Anmerkungen zu Verb-erst-Satz-Typen im Deutschen. In: Rolf Thieroff (Hg.): Deutsche Grammatik in Theorie und Praxis. Tübingen, Niemeyer. 215-227.

Reis, Marga (1997): Zum syntaktischen Status unselbständiger Verbzweit-Sätze. In: Christa Dürscheid/Karl-Heinz Ramers/Monika Schwarz (Hgg.): Sprache im Fokus. Festschrift für Heinz Vater zum 65. Geburtstag. Tübingen, Niemeyer. 121-144.

Reis Marga (1987): Die Stellung der Verbargumente im Deutschen. In: Inger Rosengren (Hg.): Sprache und Pragmatik 5. Stockholm, Almquist&Wiksell. 139-178.

Reis, Marga (1985) [1992^2]: Satzeinleitende Strukturen im Deutschen: Über COMP, Haupt- und Nebensätze, w-Bewegung und die Doppelkopfanalyse. In: Werner Abraham (Hg.): Erklärende Syntax des Deutschen. Tübingen, Stauffenburg (= Studien zur deutschen Grammatik 25). 269-309.

Reis, Marga (1980): On justifying topological frames. In: Danièle Clément et al. (Hg.). Des Ordres en linguistique. Paris. Documentation et recherche en linguistique allemande à Vincennes (DRLAV), Revue de Linguistique 22/23. 59-85.

Reis, Marga/Angelika Wöllstein (2010): Zur Grammatik (vor allem) konditionaler V1-Gefüge im Deutschen. In: Zeitschrift für Sprachwissenschaft 29. 111-179.

Rosengren, Inger (1994): Scrambling - was ist das? In: Brigitta Haftka (Hg.): Was determiniert Wortstellungsvariation? Studien zu einem Interaktionsfeld von Grammatik, Pragmatik und Sprachtypologie. Opladen, Westdeutscher Verlag. 175-196.

Stechow, v. Armin/Wolfgang Sternefeld (1988): Bausteine syntaktischen Wissens. Ein Lehrbuch der generativen Grammatik. Opladen, Westdeutscher Verlag.

Sternefeld, Wolfgang (2006): Syntax. Eine morphologisch motivierte generative Beschreibung des Deutschen. (2 Bde.). Tübingen, Stauffenburg.

Thurmair, Maria (1989): Modalpartikeln und ihre Kombinationen. Tübingen, Niemeyer.

Wegener, Heide (1993): „weil – das hat schon seinen Grund. Zur Verbstellung in Kausalsätzen mit weil im gegenwärtigen Deutsch". In: Deutsche Sprache 21. 289-305.

Wöllstein-Leisten, Angelika (2001): Die Syntax der dritten Konstruktion. Tübingen, Stauffenburg (= Studien zur Deutschen Grammatik 63).

Wöllstein-Leisten, Angelika/Axel Heilmann/Peter Stepan/Sten Vikner (1997): Deutsche Satzstruktur. Grundlagen der syntaktischen Analyse. Tübingen, Stauffenburg.

Wöllstein, Angelika/Alexandra Zepter (erscheint 2014): Wie und warum unterscheiden sich die Wortabfolgen in Sätzen? Erscheint in: Angelika Wöllstein (Hg.): Das topologische Modell für die Schule. Hohengehren, Schneider (= Handbücher für den Unterricht. Thema Sprache 7).

Zifonun, Gisela/Ludger Hoffmann/Bruno Strecker et al. (1997): Grammatik der deutschen Sprache (3 Bde). Berlin/New York, de Gruyter.

Glossar

C-Position funktionale Satzposition, die satzinitiale funktionale Einheiten wie das Finitum, satzeinleitende (nichtphrasale) Einleitungselemente (Konjunktion) beherbergt und Eigenschaften der Satzprojektion mitbestimmt
Desintegration durch prosodische und/ oder syntaktische Merkmale vom Satz abgegrenzte Einheiten
Differenzhypothese Unterscheidung der Satzstruktur nach Satztyp V1/V2/VE → vs. Uniformitätshypothese
Fokus-Hintergrund-Gliederung mit syntaktischen und prosodischen Mitteln vorgenommene informationsgliedernde (Satz-)Strukturierung, wobei Fokus vergleichbar ist mit Rhema/zentrale Information und Hintergrund mit Thema/nicht zentrale Information
Formtyp Satzmodus konstituierendes Mittel wie Verbstellung, Verbmodus, Grenztonmuster etc.
Fügungsart durch Verschachtelung oder Reihung erfolgte Verknüpfung komplexer Sätze
Gliedsatz Nebensatz mit Satzgliedfunktion
Grenztonmuster terminale Intonationskontur zur Satzgrenzenkennzeichnung durch fallendes oder ansteigendes Intonationsmuster
Hypotaktische Kette durch Statusrektion verbundene Verbkette
Hypotaxe syntaktische Relation der Unterordnung eines Teilsatzes → Subordination
Illokution Sprechhandlungsintention der Äußerung (sagen, fragen etc.)
Integration durch prosodische und/oder syntaktische Merkmale zum (Bezugs-) Satz gehöriger Einheiten
(In-)kohärenz Konzept der topologisch-syntaktischen Abtrennung verbal regierter *zu*-Infinitive (= Satzwertigkeit), bzw. topologisch-syntaktischen Bildung einer monosententialen Konstruktion mit verbal regiertem *zu*-Infinitiv
Kommunikative Minimaleinheit kleinste sprachliche Einheit mit pragmatisch-kommunikativer Funktion
Koordination syntaktische Verknüpfung mindestens zwei gleichrangiger (komplexer) Ausdrücke → Neben-/Beiordnung
Kopf Träger der kategorialen Eigenschaften einer Phrase
Markiertheit unter bestimmten Bedingungen nichtpräferierte Konstruktion
(Nicht-)Satz-Äußerung verbhaltige vs. verblose Äußerung
Normalbetonung i.d.R. Akzentuierung der letzten nonverbalen Konstituente vor der RSK
Normalwortstellung im MF unmarkierte bzw. präferierte Abfolge nonverbaler Ausdrücke
Satzklammer linke und rechte Verbklammer, i.d.R. die Prädikatsteile beinhaltend
Parataxe syntaktische Relation der Neben-/Beiordnung von Teilsätzen ohne Konjunktion
Satztyp nach Formtypen (= formal grammatische Eigenschaften) unterschiedene Sätze (Deklarativ-/Interrogativsatz etc.) mit deren Zuordnung zu spezifischen Funktionstypen der Satzmodus resultiert
Status supinisches und nichtsupinisches Formmerkmal
Supinum infinite Verbalform
Thema-Rhema-Bedingung durch Diskursinformation (alt < neu) mitgesteuerte Abfolge nominaler Ausdrücke/Satzglieder im MF
Verum-Fokus Hervorhebung der Existenz/Wahrheit eines durch die Äußerung denotierten Sachverhalts

Sachregister

Agensbedingung 47
Anschlussposition 68
Außenfeld links 71, rechts 73
Beiordnung 65
Bezugssatzellipse 74, 75
C-Position 34, 80
Def-Position 93
Desintegration 70, 74
Differenzhypothese 35, 79
Differenzmodell 23, 79
Diskurskonjunktion 68
Ersatzinfinitiv 62
Extraposition 51, 85
F1-F2-Satz 23, 79
FINIT-Position 80, 85
Fokus 49
Fokus-Hintergrund-Gliederung 70
Formtyp 7
funktionale Kategorie 33
Funktionstyp 6
Gesetz der wachsenden Glieder 48
Grenztonmuster 8
Grundabfolge 41
Herausstellungskonstruktion 55, 69
Höhle-Modell 79
Hypotaktische Kette 60
Hypotaxe 14
Illokution 7
Infinitiv, freier 38
Inkohärenz 63
Integration 70, 76
Intonationskontur, terminal 6
Kohärenz 63
Kommunikative Minimaleinheit 6
Koordination 66
Kopf 18, 83
Kopfbewegung 85
Korrelat 54, 75
Linksversetzung 55, 69
Markiertheit 44
Matrixsatz 14
Nachtrag 73
Nicht-Satz-Äußerung 2
Nominalgruppentopologie 93
NOM-Position 93
Normale Abfolge 43, 45, 50
Normalbetonung 49
Oberfeld 60
Parordination 67
Passiv 31
Positionskategorie 26, 81
PPT-Modell 83
Prädikat, komplex 5
Prädikation 84
Prädikativkonstruktion 37
Rechtsversetzung 73
Resumptiv 54

Satz-Äußerung 2, 3
Satzeinleiter (nicht-)phrasal 33, 36
Satzklammerbedingung 48
Satzmodus
 peripher 8
 prototypisch 8
Satzprojektion 83
Satzwertigkeit 11, 38, 64
Schlussfeld 60, 63
S-Feld 82, 92
Situation 84
Spannsatz 5
Spezifikator 83, 89
Status 58
Statusrektion 59
Stirnsatz 4
Subjekt-/Agensbedingung 47
Subjektfeld 89
Subkategorisierung 12
Subordination 14, 70
Supinum 58
Thema-Rhema-Bestimmung 44
Tonhöhenverlauf, (nicht) progredient 6, 70
Topik, Diskurs/hängend 69
Topik, Satz 55, 69
Uniformitätshypothese 33, 83
Universalgrammatik 86
Unterfeld 60
Verb Raising 85
Verb-/Satzklammer 22, 89
Verbzusatz 37, 80
Verum-Fokus 36
Vorfeldellipse 40
Vor-Vorfeld 55, 71
VP-IP-CP-Modell 85, 92
Wackernagelposition 56
X-Feld 80
Y-Feld 80
Zustandspassiv 37